卓越农林人才培养计划系列实验教材
国家级实验教学示范中心配套教材
江苏高校品牌专业建设工程配套实验教材

种子加工贮藏与检验实验教程

王州飞　主编

科学出版社
北　京

内 容 简 介

本书共4章，内容涵盖：种子物理特性实验技术、种子加工实验技术、种子贮藏实验技术、种子检验实验技术4个方面共50个实验。每一个实验都介绍了基本原理、目的要求、材料和设备、方法与步骤、注意事项等，书后列有主要参考文献。本书是编者在长期从事种子生产、加工、贮藏和检验教学、科研的基础上，紧紧围绕本科教学要求，参考目前国内外的研究进展和成果编写而成的。

本书适用于高等农林院校植物生产类相关专业教学，也可供其他有关专业研究人员和农业科技工作者参考。

图书在版编目（CIP）数据

种子加工贮藏与检验实验教程 / 王州飞主编. —北京：科学出版社，2019.8

卓越农林人才培养计划系列实验教材　国家级实验教学示范中心配套教材　江苏高校品牌专业建设工程配套实验教材

ISBN 978-7-03-061749-1

Ⅰ. ①种…　Ⅱ. ①王…　Ⅲ. ①种子-加工-教料②种子-贮藏-教材③种子-检验-教材　Ⅳ. ①S339

中国版本图书馆CIP数据核字（2019）第122164号

责任编辑：丛　楠　马程迪 / 责任校对：严　娜
责任印制：张　伟 / 封面设计：耕者设计

科学出版社出版
北京东黄城根北街16号
邮政编码：100717
http://www.sciencep.com
北京建宏印刷有限公司 印刷
科学出版社发行　各地新华书店经销
*
2019年8月第 一 版　开本：720×1200　B5
2022年1月第三次印刷　印张：8 3/4
字数：176 000

定价：39.90元

（如有印装质量问题，我社负责调换）

《种子加工贮藏与检验实验教程》编委会名单

主　编　王州飞　　　（南京农业大学
　　　　　　　　　　　华南农业大学）

副主编　（按姓氏笔画排序）

孙　群　　　（中国农业大学）

高灿红　　　（安徽农业大学）

编　者　（按姓氏笔画排序）

王　洋　　　（浙江农林大学）

王州飞　　　（南京农业大学
　　　　　　　华南农业大学）

朱丽伟　　　（贵州师范大学）

关亚静　　　（浙江大学）

孙　群　　　（中国农业大学）

赵光武　　　（浙江农林大学）

高灿红　　　（安徽农业大学）

程昕昕　　　（安徽科技学院）

程金平　　　（南京农业大学）

鲍永美　　　（南京农业大学）

前　言

大学生实践能力培养是新形势下大学生个人素质全面发展的需要，是当前我国高校教育改革的重点之一，也是高校提高教学质量的关键所在。种子加工贮藏与检验实验技术，在现代农业生产中发挥着重要的作用，可以为高质量种子生产提供帮助。因此，种子加工贮藏与检验实验技术是培养植物生产类相关专业学生实践能力的一门重要课程。

编者在长期教学、科研的基础上，参考了国内外大量文献，编写了本书，其比较全面系统地介绍了种子加工贮藏与检验实验技术的研究成果和进展。内容分成四大块，包括：种子物理特性实验技术、种子加工实验技术、种子贮藏实验技术、种子检验实验技术。每一个实验都介绍了基本原理、目的要求、材料和设备、方法与步骤、注意事项等。因此，本书可作为高等农林院校植物生产类相关专业学生的教材，也可供种子科技工作者及农业技术人员学习参考。希望本书的出版能助力我国植物生产类相关专业学生实践能力的培养，能为我国农业生产及种子事业的发展，为提高我国种子学的教学、科研水平发挥一定作用。

王州飞编写实验 10、22、23、27、39、41，孙群、朱丽伟编写实验 1、2、11～17，高灿红编写实验 3～7、21、25，关亚静编写实验 18～20、24、38，程昕昕编写实验 28～34，程金平编写实验 8、9、47～49，鲍永美编写实验 26、50，王洋、赵光武编写实验 35～37、40、42～46。最后，全书由王州飞负责修改校正。

国内外相关专著、综述和研究论文为本书的编写提供了丰富的素材，在此对其作者表示崇高的谢意！在本书编写过程中，得到了科学出版社、南京农业大学、华南农业大学等单位有关领导、专家的关心和支持，在此表示衷心的感谢！

种子科学技术研究成果日新月异，加之编者水平有限，编写过程中难免存在不足之处，敬请读者批评指正。

编　者

2019 年 4 月

目　　录

第一章　种子物理特性实验技术

实验一　种子千粒重的测定

一、基本原理

千粒重通常是指自然干燥状态下 1000 粒种子的重量，我国《农作物种子检验规程》中则将其定义为含有国家规定的标准含水量的 1000 粒种子的重量，以克为单位。不同作物、同一作物不同品种、同一品种的不同批次之间种子千粒重均存在差异。对于同一品种而言，种子的千粒重与种子的成熟度和活力密切相关，千粒重越大，种子内部贮藏的营养物质越多，种子活力越高，田间出苗率越高，幼苗越健壮，抗逆性越强。

二、目的要求

掌握测定千粒重的 3 种方法。

三、材料和设备

1. 材料

玉米、小麦、白菜等净种子。

2. 器具

分样器、电子天平（感量为 0.1 g、0.01 g、0.001 g）。

四、方法与步骤

将净种子试样通过分样器 3 次，使种子样品充分混合均匀，具体测定方法如下。

1. 千粒法

随机数取两份种子，特大粒种子每份 100 粒，大粒种子每份 500 粒，中小粒种子每份1000 粒。用电子天平称重折算成千粒重。两次重复间允许差距不超过 5%，否则需做第 3 次重复，取差距不超过 5%的两份试样的平均值作为测定结果。

2. 百粒法

随机数取试样 100 粒，进行 8 次重复，采用电子天平称重折算成千粒重，然后计算 8 次重复的方差、标准差及变异系数；带稃壳的禾本科种子的变异系数不应超过 6.0，其他种子的变异系数不应超过 4.0，将 8 次重复的平均值作为测定结果。如果变异系数超出上述规定，需另做 8 次重复，然后计算 16 次重复的标准差，将与平均数之差超过 2 倍标准差的重复略去不计，以符合要求的 8 次或 8 次以上重复的平均值作为测定结果。

3. 重量法

对于极小粒种子，可采用重量法进行，称取 10 g 种子，然后计数，再换算成种子千粒重。

4. 含有国家规定的标准含水量种子千粒重的计算

由于不同批次种子的含水量存在差异，为了更为准确地比较不同批次种子之间干物质积累的差异，须将实测的种子千粒重换算成含有国家规定的标准含水量（一般采用 10%含水量）种子的千粒重，换算公式如下。

种子千粒重（规定水分，g）＝实测种子千粒重×（1－实测种子含水量）÷（1－国家规定的标准含水量）

五、注意事项

1. 测定种子千粒重时，种子样品须为净种子，即无杂质、无其他作物或其他品种的种子。

2. 种子千粒重的精确度，可参考 GB/T 3543.3—1995 的规定，在测定时相应地采用不同精度的电子天平。

3. 数粒可以采用数粒仪（图 1-1）或是数粒板（图 1-2）进行。

图 1-1　数粒仪

图 1-2　数粒板

实验二　种子颜色与尺寸的测定

一、基本原理

种子的颜色和尺寸与种子的成熟度及活力密切相关，在同一批种子中，种子颜色越深，尺寸越大，代表种子成熟度和活力越高。用扫描仪对种子进行扫描后获得清晰图像，然后通过计算机图像处理技术对种子图像进行预处理、二值化、骨架提取等操作可快速获得种子颜色（color）、长度（length）、宽度（width）、投影面积（projected area）等形态特征值。种子大小自动化识别软件可减轻工作量，快速自动识别种子的相关信息，检测结果重复性好，人为误差小，大大提高了检测效率。

二、目的要求

了解种子颜色与尺寸的自动化测定程序，学会使用自动化识别软件对种子颜色进行快速测定。

三、材料和设备

1. 材料

小麦、水稻、玉米等作物种子。

2. 器具

电荷耦合元件（charge-coupled device，CCD）扫描仪、种子形态自动化识别软件 V1.0。

四、方法与步骤

1. 种子图像扫描

将种子随机或按顺序摆放在扫描仪的玻璃板上，注意种子之间不要互相接触，盖上盖子，将分辨率设为 300 dpi（建议分辨率不高于 300 dpi，以减少扫描时间和软件识别时间），对种子进行扫描，扫描图片存储为 PNG 等无损格式。

2. 种子形态自动化识别软件

（1）相关定义　本软件可自动记录种子的编号、RGB 值、Lab 值、HSB 值、灰度值、长度、宽度、投影面积等信息。

RGB 值：分别为红色（red）、绿色（green）和蓝色（blue）三种基色，每个色阶值是 0（黑色）～255（白色）的亮度值。

Lab 值：L 为亮度，取值为 0（黑色）～100（白色）；a 表示从红色到绿色的范围，b 表示从蓝色到黄色的范围，a 和 b 的取值均为－120～120。

HSB 值：H 是指色相（hue），代表不同波长的光谱值，为 0°～360°，其中 0°和 360°为红色，每隔 60°依次为黄色、绿色、青色、蓝色、品红色；S 是指饱和度（saturation），代表颜色的深浅，取值为 0～100；B 是指亮度（brightness），代表颜色的明暗程度，取值为 0～100。

灰度值：图像每个像素的灰度值为 0～255 的亮度值，也可以用黑色油墨覆盖的百分比（0～100%）来表示。

种子长度：种子的最长距离。

种子宽度：种子的最宽距离。

种子投影面积：种子投影在扫描板的表面积，分别用像素及平方毫米（mm^2）来表示。

（2）运行环境

1）系统支持。Windows XP sp3、Windows Vista、Windows 7、Windows 8 及能安装 Microsoft NET Framework 4 的操作系统。

2）环境安装。

a.Seed Identification 软件使用前，请首先安装软件包内的 NET Framework 4，如下路径：运行环境_系统最低要求 xp sp3 ▶ Microsoft. NET Framework 4（必须安装），也可在 http://www.microsoft.com/zh-cn/download/details.aspx?id＝17718 上进行下载。

b.在 Windows XP sp3 中需要安装以下路径的软件包：运行环境_系统最低要求 xp sp3 ▶ 部分 XP 需要安装 Microsoft C++运行库，也可在 http://www.microsoft.com/zh-cn/download/details.aspx?id＝8328 上进行下载。

c.超级狗驱动 DogUserSetup.msi，文件目录如下：运行环境_系统最低要求 xp sp3 ▶ 超级狗驱动（必须安装）。

3. 使用说明

（1）运行软件　首先插入超级狗，然后点击 seed identification 文件夹中的 seed_identification.exe 文件

即可运行。

注意：使用软件前务必插入超级狗，不然会提示“未找到超级狗”。

（2）软件界面浏览　如图 2-1 所示。

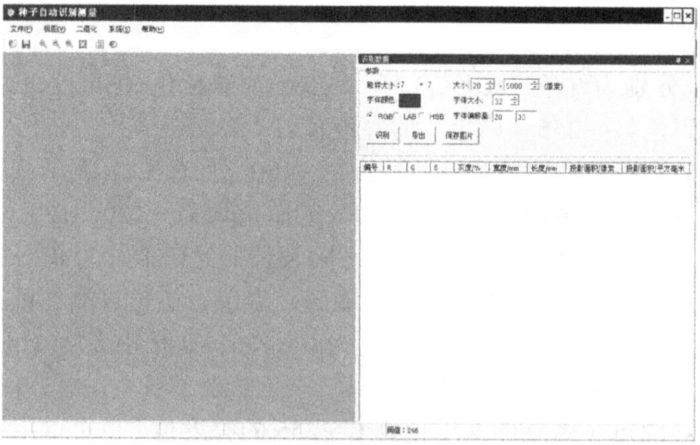

图 2-1　软件界面

（3）载入图片并显示　拟打开的种子图片需为扫描仪扫描的图片，扫描分辨率建议设在 300 dpi 以下，扫描图片建议存储为 PNG 等无损格式。

点击左上角“文件（F）”或图标打开图片（图 2-2），种子图片下方有分辨率显示。图片有放大、缩小、原始大小、自适应窗口 4 个调整按钮；可同时打开多张图片，多张图片之间用按钮操作。

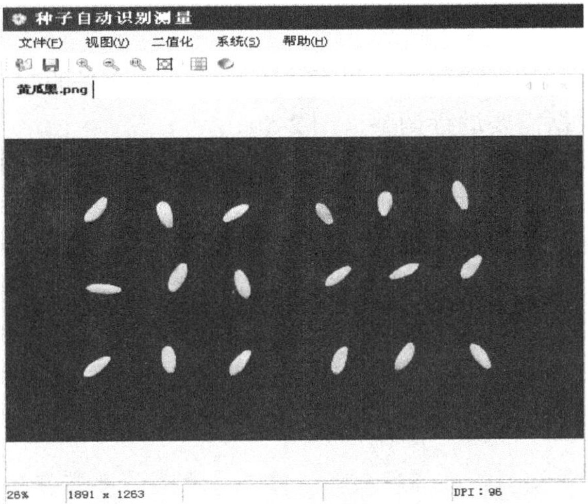

图 2-2　打开图片

（4）二值化处理　种子识别前必须进行二值化处理，以去除背景。点击二值化菜单中的阈值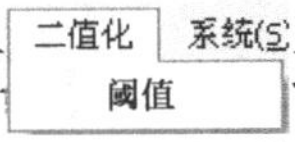

或图标，打开阈值设置页面（图 2-3）进行调整，确定。

用 Photoshop 软件提前去除背景的图片则可省略此步骤。

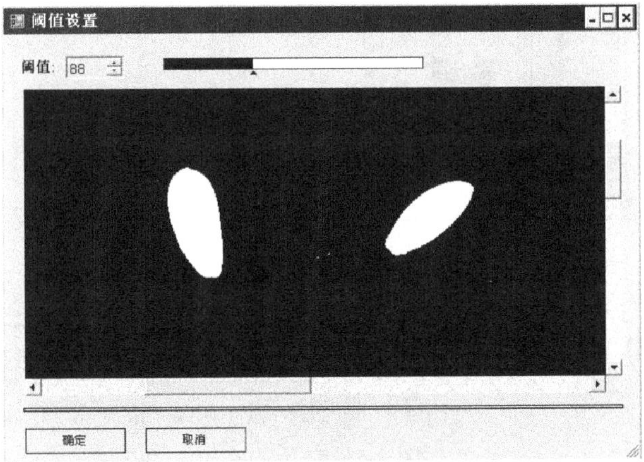

图 2-3　阈值设置页面

（5）参数调整　根据需要选择颜色模型；调整颜色值的取样大小 取样大小：7　* 7 ，所测颜色为以种子中心点为中心的取样部分的颜色均值。

调整种子大小范围（以像素表示），选择合适的测量范围。可根据种子大小进行调整，以滤除图片背景的噪点 大小：20 - 5000 (像素)，从而提高识别效果。

（6）识别　点击“识别”按钮，页面右侧数据栏则显示相应的种子指标，如图 2-4 所示。

单粒种子与单行数据栏可交互显示，而种子下方序号的字体颜色、大小、字体偏移量均可以根据需要进行调整（图 2-5）。

（7）输出　点击图标“导出”，可将当前检测的种子数据以 Excel 表格形式导出。

点击图标“保存图片”，可导出带序号的种子图片，如图 2-6 所示。

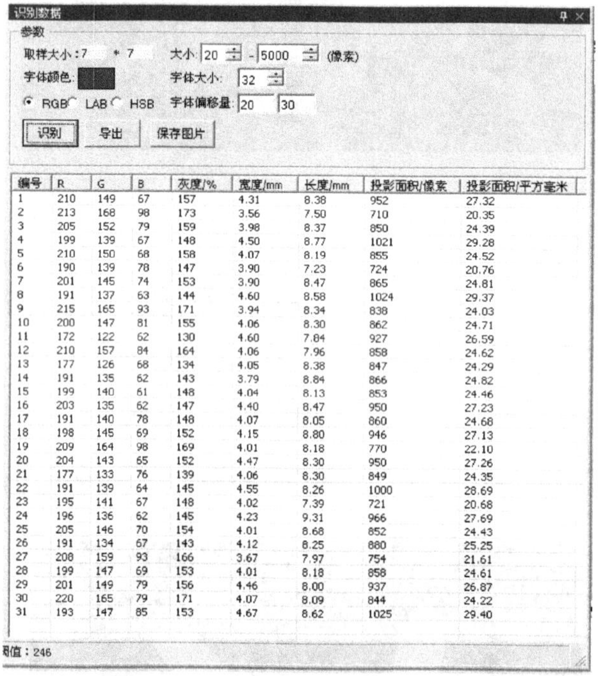

编号	R	G	B	灰度/%	宽度/mm	长度/mm	投影面积/像素	投影面积/平方毫米
1	210	149	67	157	4.31	8.38	952	27.32
2	213	168	98	173	3.56	7.50	710	20.35
3	205	152	79	159	3.98	8.37	850	24.39
4	199	139	67	148	4.50	8.77	1021	29.28
5	210	150	68	158	4.07	8.19	855	24.52
6	190	139	78	147	3.90	7.23	724	20.76
7	201	145	74	153	3.90	8.47	865	24.81
8	191	137	63	144	4.60	8.58	1024	29.37
9	215	165	93	171	3.94	8.34	838	24.03
10	200	147	81	155	4.06	8.30	862	24.71
11	172	122	62	130	4.60	7.84	927	26.59
12	210	157	84	164	4.06	7.96	858	24.62
13	177	126	68	134	4.05	8.38	847	24.29
14	191	135	62	143	3.79	8.84	866	24.82
15	199	140	61	148	4.04	8.13	853	24.46
16	203	135	62	147	4.40	8.47	950	27.23
17	191	140	78	148	4.07	8.05	860	24.68
18	198	145	69	152	4.15	8.80	946	27.13
19	209	164	98	169	4.01	8.18	770	22.10
20	204	143	65	152	4.47	8.30	950	27.26
21	177	133	76	139	4.06	8.30	849	24.35
22	191	139	64	145	4.55	8.26	1000	28.69
23	195	141	67	148	4.02	7.39	721	20.68
24	196	136	62	145	4.23	9.31	966	27.69
25	205	146	70	154	4.01	8.68	852	24.43
26	191	134	67	143	4.12	8.25	880	25.25
27	208	159	93	166	3.67	7.97	754	21.61
28	199	147	69	153	4.01	8.18	858	24.61
29	201	149	79	156	4.46	8.00	937	26.87
30	220	165	79	171	4.07	8.09	844	24.22
31	193	147	85	153	4.67	8.62	1025	29.40

图 2-4　种子识别数据显示

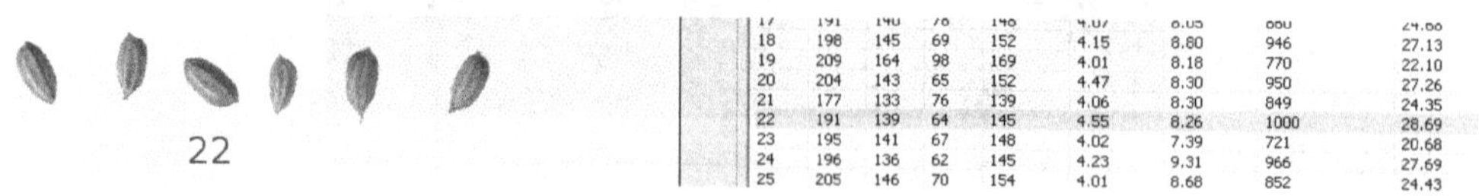

17	191	140	78	148	4.07	8.05	860	24.68
18	198	145	69	152	4.15	8.80	946	27.13
19	209	164	98	169	4.01	8.18	770	22.10
20	204	143	65	152	4.47	8.30	950	27.26
21	177	133	76	139	4.06	8.30	849	24.35
22	191	139	64	145	4.55	8.26	1000	28.69
23	195	141	67	148	4.02	7.39	721	20.68
24	196	136	62	145	4.23	9.31	966	27.69
25	205	146	70	154	4.01	8.68	852	24.43

图 2-5　交互显示

五、注意事项

1. 对于种子颜色与扫描背景颜色差异不大（即容差小）或扫描背景不均一的图片，或是对种子长度、宽度的测定要求较严时，建议采用 Photoshop 软件进行去背景处理。

2. 对图片进行剪裁处理时注意不要改变图片的分辨率。

3. 参数设置中，在对取样大小进行调整前，可对种子进行预识别，可参考预识别检测的投影面积（像素）粗略估计种子的宽度（像素），以保证测定颜色的取样范围不超出种子边界。

4. 性能指标包括数据准确度（软件所测数据误差小于 2%）、时间特性（软件响应时间、处理时间、数据传输时间均不超过 10 s）。

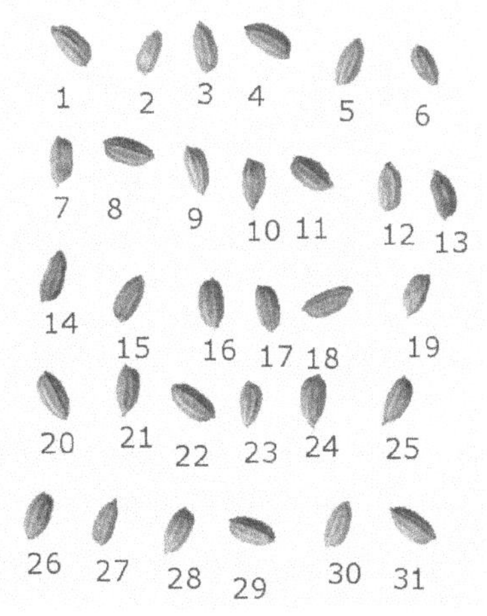

图 2-6　带序号种子的图片

实验三　种子散落性的测定

一、基本原理

种子是一种散粒体，相互间的内聚力很小，种子由高处下落或向低处移动时向四周流散开来的这种特性称为散落性。种子散落性是种子的主要物理性质之一，受种粒形状、表面状态、水分、杂质等多种因素影响。种子散落性大小通常以静止角表示，静止角是指种子从一定高度自由落到水平面上所形成圆锥体的斜面和底部直径构成的夹角。散落性较好的，静止角比较小（如豌豆种子）；散落性较差的，静止角比较大（如水稻种子）（图 3-1）。

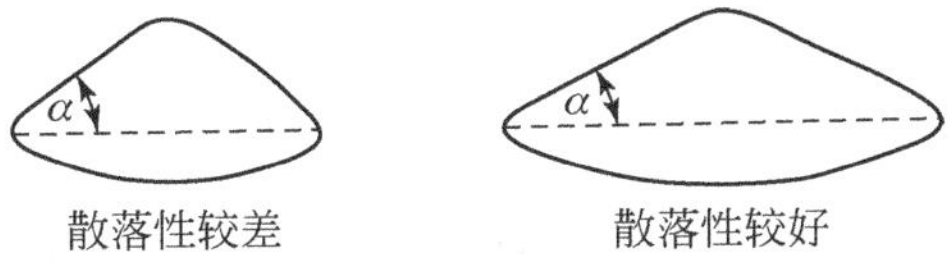

图 3-1　种子静止角（α）

种子停留在圆锥体的斜面上不继续下落而呈静止状态，是由于种子的颗粒间存在着一定的摩擦力（F），此力沿着圆锥体斜面向上，阻碍种粒下滑。同时，种子在圆锥体的斜面上由于重力（G）作用而产生一个与斜面平行的向下分力（P），其方向与摩擦力相反，此力使种粒下落。一粒种子在圆锥体的斜面上是保持静止状

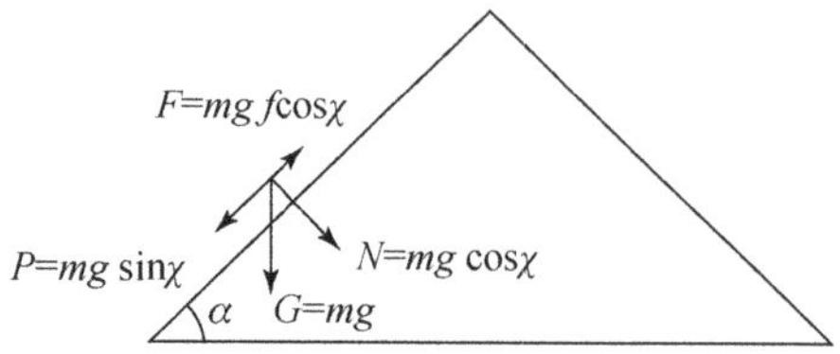

图 3-2　种子散落性

G. 种子重力；*P*. 种子重力分解为与圆锥体斜面平行的向下分力；*N*. 种子重力分解为垂直于圆锥体斜面的正压力；*m*. 种子重量；*F*. 种粒间的摩擦力；*f*. 种粒间摩擦系数；*α*. 静止角；*g*. 重力加速度

态还是继续滚动，完全取决于该分力与摩擦力的对比结果。如果该分力等于或小于种子颗粒间的摩擦力，则种子停留在斜面上静止不动；如果该分力大于种子颗粒间的摩擦力，则种子沿斜面向下滚动，直到两个力达到平衡为止（图 3-2）。

表示种子散落性的另一个指标是自流角。当种子摊放在其他物体的平面上，将平面的一端向上慢慢提起形成斜面，种子在斜面上开始滚动时的角度到绝大多数种子滚落时的角度，即为种子的自流角。

种子静止角与自流角在生产上有一定实践意义，如建造种子仓库，就要根据种子散落性估计仓壁所承受的侧压力大小，以此作为选择建筑材料与构造类型的依据。

二、目的要求

了解种子散落性测定的概念和意义，学习种子散落性分析的方法，通过种子散落性的测定，加深对种子散落性概念的理解，为种子安全贮藏与加工奠定基础。

三、材料和设备

1. 材料

小麦、玉米、油菜、大豆等植物净种子。

2. 器具

长方形玻璃缸、长方形玻璃板或木板、量角器等。

四、方法与步骤

（一）种子静止角的测定

1. 取样

将小麦、玉米、油菜、大豆等不同植物种子分别倒入干净的长方形玻璃缸中，以种子体积占玻璃缸总体积的 1/3 为宜。

2. 置种

把玻璃缸内的种子弄平整后，用玻璃板盖上，然后慢慢抬起玻璃缸向一侧倾倒至 90°，使种子自然形成一个斜面，与水平面成一定角度后静止，即为静止角 α。

3. 测量

测量角度α，用半径较大的量角器测量该斜面与水平面所成的角度，并记录，如图 3-3 所示。

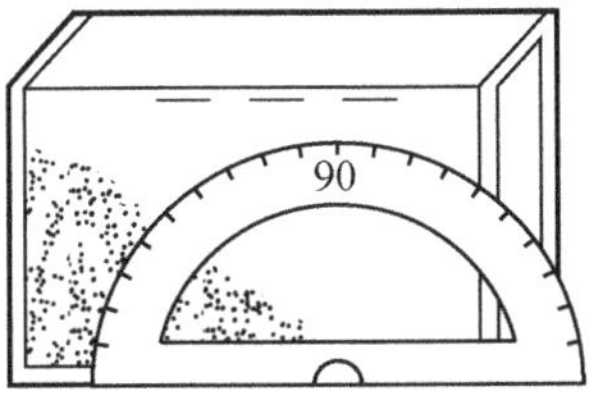

图 3-3　玻璃缸法测定静止角

4. 计算

用同样的方法重复测量 3 次，取平均值，作为该批种子的静止角。

（二）种子自流角的测定

1. 取样

称量 10 g 小麦、玉米、油菜、大豆等不同植物的净种子。

2. 置种

将净种子放于光滑的长方形玻璃板一端，并摊平。

3. 起始角测定

将玻璃板有种子的一端缓慢抬起，当种子沿玻璃板开始滚动时，测定玻璃板与水平面所成的夹角，作为起始角α_1。

4. 终角测定

继续抬起玻璃板，当绝大多数种子滚落完时，测量玻璃板与水平面所成的夹角，作为下落终角α_2。

5. 计算

起始角与下落终角范围内的幅度为自流角，即$\alpha_2-\alpha_1$为种子自流角，如图 3-5 所示；重复 3 次，取平均值，作为该批种子在玻璃板上的自流角。

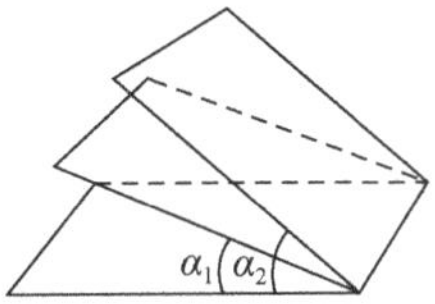

图 3-5　自流角的测定

用木板按同样的方法，测定种子在木板上的自流角。

（三）种子对仓壁侧压力的计算

根据测得的数据，计算种子对仓壁的侧压力，公式为

$$P=0.5\times m\times h^2\times \tan^2（45°-0.5\alpha）$$

式中：P——侧压力（kg/m）；

m——种子容重（kg/m^3）；

h——种子堆高度（m）；

tan——正切函数；

α——静止角（°）。

说明：小麦种子容重为 700 g/L，大豆、玉米种子容重为 730 g/L；种子堆高度一般为 2.5 m。

五、注意事项

1. 测量静止角和自流角时，必须注意在相关因素比较一致的情况下测定，并注意取样方法、操作技术的一致性。

2. 测量静止角时，每个样品最好重复多次，记录其变异幅度，同时附带说明种子净重和水分，以便和其他结果比较。

实验四　种子容重的测定

一、基本原理

种子容重是指单位容积内种子的绝对重量，单位为g/L。种子容重的大小受多种因素的影响，如种子的颗粒大小、形状、整齐度、表面特性、内部组织结构、化学成分及混杂物的种类和数量等。颗粒细小、参差不齐、外形圆滑、内部充实、组织结构致密、水分及油分含量低、淀粉和蛋白质含量高，并混有各种沉重杂质（如泥沙等）的，则容重较大；反之，容重较小。种子容重在生产上的应用相当广泛，检验上常把容重作为品质指标之一。在种子贮运过程中，可根据容重来推算一定容量内的种子重量，或计算出一定重量的种子所需的仓容大小及运输时所需车厢数目。同时，依照容重大小，可推知种子在贮藏期间的变化，或利用种子容重计算种子仓库侧压力。

二、目的要求

学习容重的测定方法，加深对种子物理特性概念的理解。

三、材料和设备

1. 材料

小麦、玉米、大豆等植物净种子。

2. 器具

GHCS-1000 系列谷物电子容重器（图 4-1）。

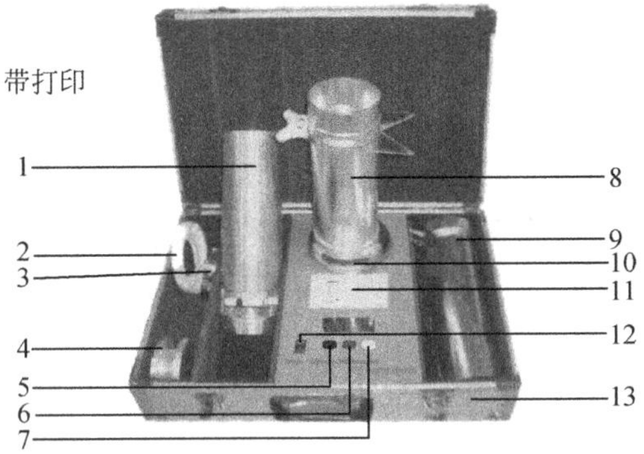

图 4-1　GHCS-1000 系列谷物电子容重器构造

1.谷物筒；2.底座；3.砝码；4.排气砣；5."清零"键；6."校准"键；7."打印"键；8.容量筒；9.中间筒；10.电子秤；11.打印机；12.电源开关；13.箱体

四、方法与步骤

1）打开仪器箱，针对不同粮食品种，选定谷物筒（出厂时安装了测量大颗粒用谷物筒），正确连接，将容量筒底固定到水平桌面上。

2）将容重器电源插头接入电源。

3）电子秤校准：接电源开关，接通电源，此时电子秤自动进入自检状态。待显示器显示"0"时连续两次按压"校准"键，在听到"嘀"声，同时显示器闪动之后，置随机附带的 1 kg 砝码于秤上，待显示稳定后，按"校准"键，听到"嘀"声并连续 3 次（每次间隔 5 s）后，按压"校准"键，显示器应显示"1000"，此时校准完成。若显示器不稳定或显示不是"1000"，应重复上述步骤。校准完成后，取下 1 kg 砝码。

4）将排气砣置于容量筒内，平稳地将筒体放在电子秤秤面上，此时电子秤显示容量筒重量。按压"清零"键，显示器显示"0"；如果按压一次不能完全回零，可再按一次。

5）将容量筒安放在桌子上，然后把插板插入容量筒插板槽内，并将排气砣平置于插板之上，套好中间筒。

6）将制备的试样倒入谷物筒内，装满刮平。再将谷物筒套在中间筒上，打开漏斗开关，让谷物自由下落至中间筒内，关闭漏斗开关。用手握住容量筒与中间筒的结合处，将插板迅速抽出，在排气砣和试样落入容量筒后，再将插板插入插板槽中，依次取下谷物筒和中间筒，倒净容量筒插片上多余的试样，抽出插片，将容量筒平稳地放在电子秤上称重。

7）数字平稳显示后，按“打印”键，即可打印测量结果。

8）结束测量，按“电源开关”键，关闭电源，拔下电源插头；擦净谷物筒、中间筒和容量筒（特别是内壁）等各部位；按正确位置将全部部件组合嵌入仪器箱内，关闭仪器箱。

五、注意事项

1. 按压“校准”键、“清零”键等时，应注意轻压，切忌用力过猛，以免引起整台仪器不稳定。电子秤显示负数值时不能清零，出现这种情况时，可重新开机，重复上述步骤。

2. 保持各个组件清洁，操作过程中，轻拿轻放，容量筒、中间筒和谷物筒严禁碰撞，防止变形。

3. 在测定容重前需先除去种子中的各种大小杂质，并通过分样器多次，充分混合，因为含杂质和混合不均匀会影响容重测定结果的一致性和准确性。

4. 容重测定一般适用于麦类、玉米和豆类种子，而水稻种子因带稃壳，其表面又覆有稃毛，充实饱满的水稻种子不一定能从容重反映出来，因此一般不将水稻的容重作为检验项目。

5. 将容重器放在不受振动的操作平台上，并在测定过程中严防仪器振动，以免影响容器筒内种子的孔隙度，而使容重测定结果产生误差。

6. 测定时必须全面考虑，否则可能得出与实际情况相反的评价。例如，原来品质优良的种子，可能因混有许多轻的杂质而降低容重；瘦小皱瘪的种子，因水分较高，容重就会增大；油料作物种子可能因脂肪含量特别高，容重反而较低。

实验五　种子比重的测定

一、基本原理

种子比重为一定的体积的种子重量，即种子的绝对重量和它的绝对体积之比。对不同作物或不同品种而言，种子比重因形态构造、细胞组织的致密程度和化学成分的不同而有很大的差异。就同一品种而言，种子比重则随成熟度和充实饱满度而变化。大多数作物的种子成熟越充分，内部积累的营养物质越多，则籽粒越充实，比重就越大。但油料作物的种子则相反，种子发育条件越好，成熟度越高，比重越小，因为种子所含油脂随成熟度和饱满度增加。种子比重不仅可以作为衡量种子品质的指标，还可以作为种子成熟度的间接指标。

二、目的要求

学习比重的测定方法，加深对种子物理特性概念的理解。

三、材料和设备

1. 材料

各种作物种子。

2. 器具

天平、量筒、比重瓶等。

3. 试剂

蒸馏水、50%乙醇、二甲苯或甲苯等。

四、方法与步骤

（一）量筒法

1. 初始体积

取有精细刻度的5～10 mL量筒，内装1/3左右50%乙醇，记下乙醇所达到的刻度，准确记录体积V_1。

2. 终体积

称取适当重量（W）（一般为3～5 g）的净种子样品，小心放入量筒中，再观察乙醇平面升高的刻度，即为该种子样品的体积V_2。

3. 计算

根据下式求出种子的比重，3次重复，结果保留两位小数。

$$种子比重=\frac{种子重量（g）}{种子体积（mL）}=\frac{W}{V_2-V_1}$$

（二）比重瓶法

量筒法比较粗放，如要求更精确些，可用比重瓶测定，操作步骤如下。

1. 取样

准确称取种子样品2.0～3.0 g（W_1），精确到毫克。

2. 注液

将二甲苯（也可以用甲苯或50%乙醇）装入比重瓶，到标线为止，如有多余用吸水纸吸去。如果比重瓶有磨口瓶塞，则把二甲苯装满到瓶塞处，再把溢出的揩干。

3. 称重

对装好的二甲苯的比重瓶称重（W_2）。

4. 加样

倒出一部分二甲苯，将已称好的种子（W_1）投入比重瓶，再用二甲苯装满到比重瓶的标线，用吸水纸吸去多余的二甲苯。投入后，注意种子表面应不附着气泡，否则会影响结果的准确性。

5. 称重

对装好二甲苯和种子的比重瓶称重（W_3）。

6. 计算

根据下式计算出种子比重（S），3 次重复，结果保留两位小数。

$$S=\frac{W_1}{W_2+W_1-W_3}\times G$$

式中：G——二甲苯的比重，在 15℃时为 0.863（g/mL）。

如用其他药液代替二甲苯，须查出该药液在测定种子比重时的温度条件下的比重。

五、注意事项

1. 用比重瓶法测比重时，必须注意使籽粒上没有气泡，气泡的存在会产生错误的结果。

2. 测比重时，全部工作过程要在一定的温度条件下进行。

实验六　种子平衡水分的测定

一、基本原理

测定种子平衡水分的方法主要有称重法、测蒸气压法、测相对湿度法，其中称重法是最常采用的方法。本实验所采用的称重法的基本原理是利用密闭容器内的饱和盐溶液，或者不同浓度的酸溶液，产生一定的平衡相对湿度，或者辅助一定流速循环系统内的空气，然后连续地或者周期性地测定样品的水分含量变化，根据称重判断是否达到平衡水分，此时测定平衡状态时种子的含水率。

称重法测定平衡水分一般在 20～25℃进行，通常将种子样品与各种饱和盐溶液（产生不同的相对湿度）放在一密闭容器内，注意种子样品不可和溶液直接接触。经过一段时间，当种子水分和容器内的蒸气压达到平衡，即种子水分不再增减时，此时的种子水分即为该温度和湿度条件下的平衡水分。种子的平衡水分受温度、相对湿度和种子本身的影响。当湿度不变时，种子的平衡水分随温度升高而减小，呈负相关。

种子平衡水分的测定有广泛的应用。通过测定种子平衡水分，可以了解各种作物种子在不同相对湿度下或不同种类种子在同一相对湿度下的种子平衡水分特性。同时，可以求出种子的临界水分和种子的安全贮藏水分，为种子安全贮藏服务。

二、目的要求

通过练习称重法测定种子平衡水分，进一步了解种子在不同贮藏条件下吸湿变化的规律，以便及时做好仓库种子的管理工作。

三、材料和设备

1. 材料

水稻、小麦、玉米、油菜和大豆等作物净种子。

2. 器具

恒温箱、天平、广口瓶（1 L）、有钩的橡皮塞、量筒、小铁丝篮或尼龙网袋、称量盒、烘箱等。

3. 试剂

硫酸钾（K_2SO_4）、氯化钾（KCl）、氯化钠（NaCl）、硝酸铵（NH_4NO_3）、硫酸氢钠（$NaHSO_4·H_2O$）、碳酸钾（$K_2CO_3·2H_2O$）、氯化镁（$MgCl_2·6H_2O$）、氯化钙（$CaCl_2·H_2O$）、氯化锂（LiCl）等 9 种过饱和盐溶液。

按表 6-1 过饱和盐溶液在 20℃下的相对湿度，配制不同相对湿度的定湿溶液。

表 6-1　过饱和盐溶液在 20℃下的相对湿度

试剂	相对湿度/%	试剂	相对湿度/%
硫酸钾（K_2SO_4）	98	碳酸钾（$K_2CO_3·2H_2O$）	42
氯化钾（KCl）	87	氯化镁（$MgCl_2·6H_2O$）	33
氯化钠（NaCl）	76	氯化钙（$CaCl_2·H_2O$）	20
硝酸铵（NH_4NO_3）	64	氯化锂（LiCl）	15
硫酸氢钠（$NaHSO_4·H_2O$）	52		

四、方法与步骤

1）用 105℃烘干法（见种子检验部分）测定“材料”中某种作物种子的含水

量（h）（%）。

2）准确称量小铁丝篮（或尼龙网袋）的重量（A_1）。

3）取约 40 g 种子放入小铁丝篮（尼龙网袋）中，精确称重（B_1），共 9 份。

4）在广口瓶内分别放置各种不同相对湿度的溶液 250 mL（表 6-1），以便调配不同的相对湿度。

5）将存有种子的小铁丝篮（尼龙网袋）挂在橡皮塞下面的小钩上，再放入瓶中，用塞子塞紧密封，然后将广口瓶放置于 20℃（温度精度±0.9℃）的恒温箱中。

6）每天（或每 2 d）将小铁丝篮（尼龙网袋）与种子一起称重，直到达到恒重（B_2）为止（平衡前后连续两次称重之差小于 2 mg）。

7）倒出种子，称取空小铁丝篮（尼龙网袋）的重量（A_2）。

8）结果计算：实验前种子样品重（g）$=B_1-A_1$；实验后种子样品重（g）$=B_2-A_2$；种子增加的水量 H（g）$=(B_2-A_2)-(B_1-A_1)$

$$\text{种子最终含水量}=\frac{H+h\times(B_1-A_1)}{B_2-A_2}\times 100\%$$

此即为该种子在温度为 20℃，不同相对湿度下的平衡水分。

9）比较不同作物或同一作物不同品种种子的平衡水平差异，了解种子在不同贮藏条件下的吸湿变化规律。

五、注意事项

1. 此方法虽简单易行，但是需要长时间才能够达到平衡，高水分样品在未达到平衡就有可能发霉。

2. 鉴于无机强酸可对环境产生污染，通常采用饱和盐溶液。

实验七　种子热容量的测定

一、基本原理

种子热容量又称为种子的比热容，是指 1 kg 种子温度升高 1℃时所需的热量，其单位为 kJ/（kg·℃）。它取决于种子的化学成分（包括水分在内）及各种成分的比例。水的比热容较一般种子的干物质比热容高出 1 倍以上，因此水分越高的种子，其比热容也越大。

种子堆是热的不良导体。热量在种子堆内的传递方式主要有两种：一是靠籽粒间彼此直接接触的相互影响而使热量逐渐转移（传导传热），其进行速度非常缓慢；二是靠籽粒间隙气体的流动而使热量转移（对流传热）。了解种子的热容量，可推算一批种子在秋冬季节贮藏期间放出的热量，并可根据比热容、传热系数和当地的月平均温度来预测种子冷却速度。同样，在春夏季种温随气温上升，亦需吸收大量的热量。因此，在前一种情况下，须装通风设备以加速降温；后一种情况下，须密闭仓库以减缓升温，这样可保持种子长期处在比较低的温度条件下，抑制其生理代谢作用而达到安全贮藏的目的。

二、目的要求

掌握测定种子热容量的方法，为种子贮藏与加工服务。

三、材料和设备

1. 材料

不同作物的种子若干。

2. 器具

温度计、搅动器、量热器等。

四、方法与步骤

（一）直接法

当缺乏种子干物质的热容量和所含水分的数据时，可用量热器（卡计）直接测定种子热容量。测定步骤如下：在一定温度条件下，将一定量的水注入量热器测定水温（T_2），然后将一定量的种子样品加热到一定温度，测定种子温度（T_1），再投入量热器中，用搅动器搅动种子，等种子在水中热量充分交换而达到平衡，即水温不变化时，测定水温（T_3），观察量热器中水的温度比原来升高几度，再将平衡前后的温差折算成单位重量的水与种子的温差比例，此即为种子的热容量。

计算公式为

$$c=\frac{B(T_3-T_2)}{S(T_1-T_3)}$$

式中：c——种子热容量；

B——水的重量（g）；

S——种子的重量（g）；

T_1——加热后的种温（℃）；

T_2——原来的水温（℃）；

T_3——种子放入后达到平衡时的水温（℃）。

（二）间接法

根据已测知种子干物质的热容量和所含的水分，则按下式可计算出种子热容量：

$$c = c_0 (1 - V) + 4.184V$$

式中：c——含有一定水分的种子的热容量；

c_0——种子绝对干燥时的热容量；

4.184——修正系数；

V——种子所含的水分（%）。

五、注意事项

1. 当种子干物质的热容量和所含水分的数据缺乏时，可采用量热器直接测定种子的热容量。

2. 用间接法推算所得的热容量，只能表示大致情况，因各种作物种子的成分比较复杂，对比热容都有一定影响。

实验八　种子堆密度与孔隙度的测定

一、基本原理

种子在干燥贮藏条件下，一年中种温随气温上升逐渐升高，又随气温下降而逐渐降低。但若种子堆结构不合理，在气温下降季节里，种温反而上升；或者在气温上升季节里，种温不是缓慢地上升，而是比气温上升得更快。从而造成种子堆内积聚了大量的水分和热量，引起大量微生物生长繁殖，导致种子发热和霉变。因此，了解种子堆，设计合理的种子堆结构，增加种子堆孔隙度，对内外气体交换、温湿气和有毒气体快速散发等都具有重要意义。

种子堆的体积实际是由种粒（包括固体杂质）和空隙构成的，包括种子堆密度和种子堆孔隙度。种子堆密度是指种粒体积占种子堆总体积的百分数，种子堆孔隙度是指种子堆空隙体积占种子堆总体积的百分数。两者互为消长，和恒等于100%，即密度＋孔隙度＝100%。另外，种子堆密度与种子容重和比重有关，种子堆密度＝种子容重（g/L）÷比重（g/L）×100%。种子堆孔隙度（%）＝1－种子堆密度。影响种子堆密度和孔隙度的主要有五大因素：①种子形状、大小和整齐度（种粒大且均匀，孔隙度大）；②种子表面形状（有颖壳或毛，孔隙度大）；③杂质（种子堆中轻型杂质多，孔隙度大）；④水分［种子干燥（未吸潮），孔隙度大］；⑤其他（种子堆薄、未受挤压，孔隙度大）。

二、目的要求

掌握种子堆密度和孔隙度测定方法，能够分析不同作物种子堆结构。

三、材料和设备

1. 材料

不同作物的种子若干（0.5 L 以上）。

2. 器具

1 L 的量筒 2 个。

3. 试剂

蒸馏水。

四、方法与步骤

1）取两个 1 L 的量筒，一个量筒放入作物种子，直至种子表面与 0.5 L 刻度平行；另外一个量筒内装 0.5 L 蒸馏水。

2）将第一个量筒内的作物种子倒入装有 0.5 L 蒸馏水的量筒中，记录液面升高的刻度，即种子的种粒体积。

3）根据公式求出种子堆密度和孔隙度，进行 3 次重复，保留两位有效数值。

4）计算公式：

种子堆密度＝液面升高的刻度÷0.5×100%

种子堆孔隙度＝1－种子堆密度

五、注意事项

1. 作物种子倒入量筒时，自由流下，勿挤压。
2. 种子倒入含有蒸馏水的量筒后，应及时读取刻度，以防种子吸水造成误差。
3. 读取刻度时，注意眼睛的位置与液面处在同一水平面上。

实验九 种胚结构观察

一、基本原理

根据种子有无胚乳可以将植物分为双子叶植物和单子叶植物。单子叶植物胚中只有一片子叶，双子叶植物中具有两片子叶。大多数双子叶植物种子只由种皮和胚组成，无胚乳，养料储存在肥厚的子叶中；单子叶植物的种子除了具有种皮和胚以外，还含有胚乳，养料储存在胚乳中；胚都是由胚芽、胚轴、胚根、子叶四部分组成的。种胚结构可以直接用显微镜进行观察。

二、目的要求

了解不同作物种子结构，明确种胚四个部分及其在种子萌发中的主要作用。

三、材料和设备

1. 材料

不同谷物种子。

2. 器具

超薄刀片、双面胶、载玻片、扫描电子显微镜。

四、方法与步骤

1）选取种子样品，根据种胚特点利用超薄刀片将种胚分为两部分，以胚结构较完整的部分为观察对象，如图 9-1 所示。

2）再用超薄刀片切取结构较完整的胚，利用双面胶将其粘在载玻片上。

3）将其放置于扫描电子显微镜中进行显微观察。识别种子胚的各个部位。

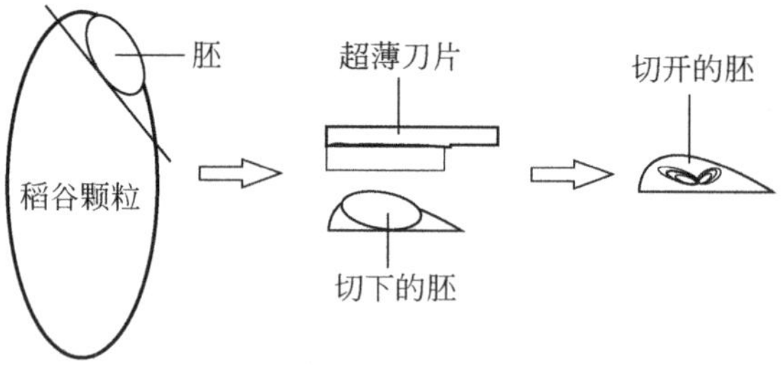

图 9-1　谷物显微镜样品制作示意图

4）比较不同作物种子胚结构差异，并绘出种子胚结构。

五、注意事项

切片时，注意切取的部位，尽量保证观察到的胚的完整性。

第二章　种子加工实验技术

实验十　种子干燥机的操作使用

一、基本原理

种子干燥是种子加工的重要环节，也是种子安全贮藏的重要前提。种子干燥的方法非常多，主要有自然干燥、通风干燥、热风干燥等。但是，传统太阳晾晒的自然干燥方式受天气、场地的制约，劳动生产率低，损耗大。三久干燥机是我国目前种子行业种子干燥的主要机型，该干燥机集世界各国最先进的自动化技术于一体，是适合于水稻、麦类、玉米、大豆等种子干燥的实用设备（图 10-1）。

图 10-1　三久干燥机

三久干燥机为批式循环型干燥机，干燥段横穿过的热风对种子进行干燥，而在缓苏段则使种子内的水分差均匀化，缓苏时间根据种子在干燥段的干燥时间长短和热风温度而定，即干燥时间越长，热风温度越高，需要的缓苏时间越长。该机自动控制系统水平较高，在机身前方有两个控制旋钮，其中一个是谷物类别选择钮（有稻谷、高粱、玉米等）；另一个是终水分设定钮，设定之后干燥机会自动工作，达到要求的水分时停机。三久干燥机具有低温大风量、薄层多通道、干燥缓苏交替进行、干燥均匀、爆腰率低、进出料速度快、省油、省电、稻米品质好、自动化程度高等优点。

二、目的要求

通过本实验，了解种子干燥机的使用方法、各项性能指标等。

三、材料和设备

1. 材料

稻谷、玉米、小麦等种子。

2. 器具

NP-60 型低温三久干燥机。

四、方法与步骤

1. 试运转前检查

按随机说明书上的要求，安装后或者在每季作业之前进行试运转。试运转前应检查电源插座、电线是否完好，油箱是否清洁，燃料品质是否好，排风管、排尘风管及有关安全盖子是否达到要求。

2. 运动部件试运转

打开总电源，电源灯亮，把烘干定时开关转到某一定时位置或“连续”位置，按“入谷”按钮，则马达回转，确认马达是否运转及转动方向，确认、检查升降机上、下部螺旋送料器、排风机、排尘机等是否有异常杂音。检查完毕后，按“停止”钮。

3. 燃烧机的点火试运转操作

将温度设定钮设在40℃左右，按下“干燥”按钮，此时，热风马达会转动，并显示热风温度，燃烧机在2～3 s之后点着火，过一会儿，燃烧机火焰会以大火—小火—熄火的过程，重复点火燃烧。检查完毕后，按“停止”钮。

4. 入谷作业

打开总电源，电源灯亮。拉下谷物排出开关“闭”拉绳，设定定时开关，按下“入谷”按钮。此时，机器处于入谷状态，打开大漏斗，谷物由大漏斗进入烘干机。当达到满量时，满量检知器会发出蜂鸣声，应立即按下“停止”按钮，切断总电源并关闭大漏斗。

5. 烘干作业

当燃烧加温接近某一设定温度时，会重复大火—小火—熄火的燃烧过程。自动保持谷物温度在设定温度左右。全自动电脑水分测定计可随时测定当前的平均水分值，当烘干达到水分设定值时，则会自动停机。具体操作如下：打开总电源，打开油箱开关，设定定时开关，对照热风温度表设定热风温度开关，按下“干燥”钮，即可烘干作业。烘干结束后，切断电源。

6. 排出作业

在排出谷物之前，必须用水分测定计再次确认谷物含水率。将符合含水要求的排出机外。打开总电源，电源灯亮，定时开关转到“连续”位置，按下“排出”钮，则开始排出运转，此时拉下谷物排出开关“开”拉绳，排出种子。排出后，按下“停止”钮，拉下谷物排出开关“闭”拉绳。最后切掉总电源，电源灯熄灭，即可进行下一次工作循环。

五、注意事项

1. 湿谷物如果混有大量稻草等杂物，则影响谷物的流动，会引起堵塞或干燥不均匀，因此在干燥前需用筛选机粗选一下。

2. 因收获季节不同，外界温度差距较大，热风温度要依外界气温、入谷量等变化而设定。为不影响谷物品质，要参考热风温度表烘干。

3. 到达满量时，蜂鸣器会发出声音，但不会自动停止入料。入料过多是造成机器故障的重要原因之一。

4. 烘干机不用时，应及时清扫，取出残留谷物，关好所有进、出口，防止鸟、鼠、虫等进入机内。

实验十一　种子除芒机的操作使用

一、基本原理

种子清选是根据种子群体与混杂物物料特性的差异，通过各种机械操作方法，将种子与种子、种子与各种混杂物（泥沙、碎片、颖壳、杂草等）分开。种子清选是种子加工的必要环节。大麦、水稻、牧草等农作物的许多品种带有芒刺，种子批流动性差，影响清选加工和播种质量，带有芒刺的种子需进行除芒或刷种预处理。种子除芒机是利用输料螺旋的推进作用，使带种毛或芒刺的种子之间、种子与螺旋及壳体之间发生均匀揉搓作用，将种毛及芒刺除掉。

除芒机结构如图 11-1 所示，由进料斗、除芒室、电机、出料口、除尘口等组成。种子由进料斗进入除芒室内，通过除芒室圆筒内壁的固定齿片及中间转轴上螺旋排列齿片的打击和揉搓，去除种子表面的颖壳和芒刺，处理后的种子由出料口排出，灰尘及除芒过程中产生的颖壳和芒刺碎片从除尘口排出。

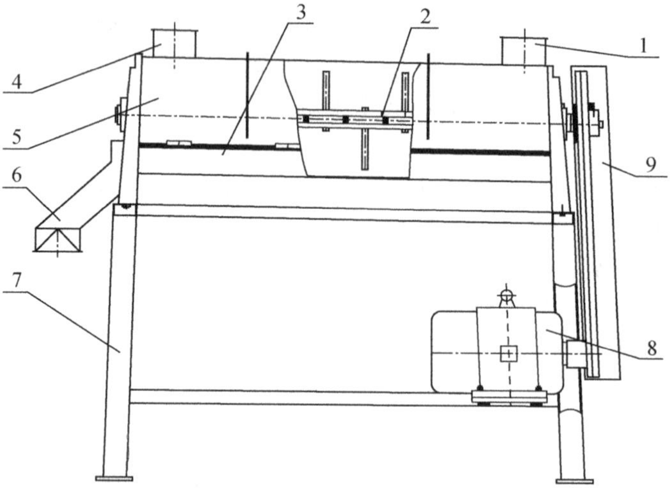

图 11-1　种子除芒机结构图

1. 进料斗；2. 齿片；3. 堵板；4. 除尘口；5. 除芒室；6. 出料口；7. 机座；8. 电机；9. 护罩

二、目的要求

了解种子除芒的基本结构及工作原理，掌握种子除芒机的使用方法。

三、材料和设备

1. 材料

带芒水稻种子。

2. 器具

除芒机。

四、方法与步骤

1. 准备工作

检查除芒机内是否有其他杂物存在；检查除芒机配件是否齐全，出料口是否有接料斗。

2. 开机

接通电源，打开开关，空机运转 5 min，确定机器运行良好。

3. 作业

将种子从进料斗均匀喂入。根据作业情况可调整喂入量、出料口配重块。配重块顺时针转动时，除尘生产率增加，除芒效果降低；反之则除芒效果提高，除尘生产率降低。

4. 结束作业

机器继续空转 3 min，至出料口完全不再有种子排出。切断电源，打开除芒机下部的清理铁门，清除机器内部的残留物料及杂质。

五、注意事项

1. 除芒作业，主要适用于大麦、水稻、牧草等许多有芒刺的品种。
2. 对不同品种进行除芒处理时，注意防止种子混杂。

实验十二　种子风选机的操作使用

一、基本原理

风选机是按照种子和混杂物与气流相对运动时受到的作用力进行分离的，主要用于去除种子中的杂质及瘪粒、虫蛀粒、霉变粒。风选机主要由进料斗、电磁振动给料器、工作箱体、前吸风道、后吸风道、控制面板、接料斗等组成（图 12-1）。种子在落下的过程中，临界飘浮速度小的杂质及瘪粒上升最高，被后吸风道吸到最右侧箱体中；好种子则在下落过程中保持悬浮状态，被前吸风道吸到中间箱体，而临界飘浮速度大的石子或大粒种子则直接落下到接料斗中。

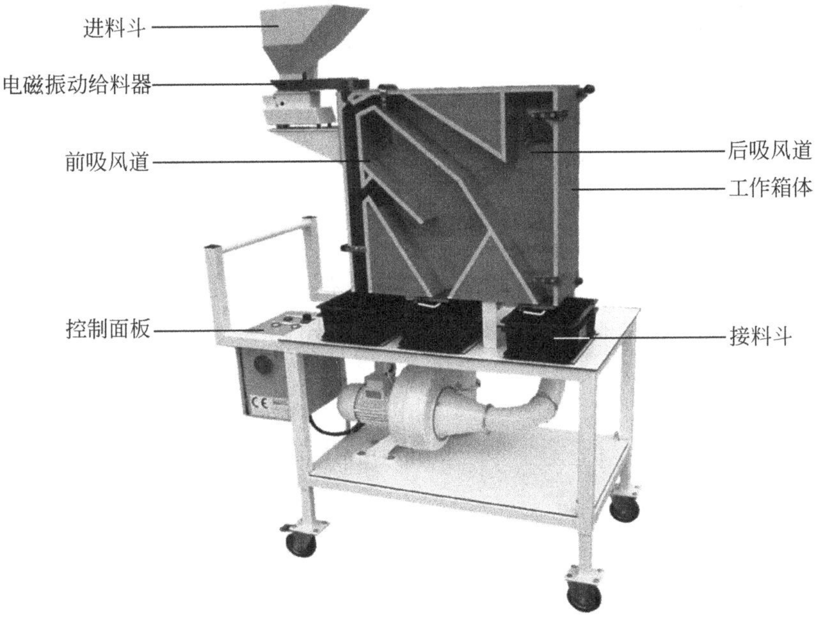

图 12-1　风选机

二、目的要求

了解种子风选机原理，掌握风选机的使用方法。

三、材料和设备

1. 材料

蔬菜或玉米种子。

2. 器具

种子风选机。

四、方法与步骤

1. 准备

检查电磁振动给料器旋钮、风量大小是否置于“0”位，所有接料口是否放有接料斗。

2. 开机

接通电源，打开开关，空机运转 5 min，确定机器运行良好。

3. 作业

将种子喂入进料斗中，调节进料斗活门上下开度至合适位置后，锁紧螺母；调整进风口及前后吸风道的大小；按顺时针方向调节电磁振动给料器旋钮，观察种子在箱体中的分布情况，以可以将杂质与种子分开为宜。

4. 结束作业

喂料结束后，关闭电磁振动给料器，保持机器继续运行片刻，关闭风量旋钮。打开箱体下面的固定门，种子下落到接料斗。然后切断电源。

五、注意事项

1. 作业过程中，随时监测筛选质量，调整作业参数。

2. 对不同品种进行加工时，要彻底清理机器内部残留的种子及杂质，防止混杂。

实验十三　种子筛选机的操作使用

一、基本原理

根据种子大小分选种子的清选设备有种子筛选机、窝眼筒清选机、分级机等。其中，种子筛选机主要利用种子宽度或厚度的差异对各类种子进行筛选试验或对少量种子进行分级，配备的筛片为圆孔筛（根据宽度分选）及长孔筛（根据厚度分选）。

筛选机结构如图 13-1 所示，由进料斗、电磁振动给料器、筛箱、机架、传动系统、控制面板、接料斗等组成，筛箱中安装上、中、下三层筛片。进料斗中的物料在电磁振动给料器的驱动下均匀下落到筛箱中的第一层筛面上，随着筛面的运动，小于筛孔尺寸的籽粒穿过筛孔落到第二层筛面上，大于筛孔尺寸的籽粒沿着倾斜筛面向前运动，直至从大粒排料口排出；在第二层筛面上，小于筛孔尺寸的籽粒穿过筛孔落到第三层筛面上，而大于筛孔尺寸的籽粒沿着倾斜筛面运动，直至从次大粒排料口排出；在第三层筛面上，小于筛孔尺寸的破碎籽粒、小杂等穿过筛孔落到筛箱底层光板上，由小杂排料口排出，而大于筛孔尺寸的好种子则沿着倾斜筛面运动，直至从好种子排料口排出。

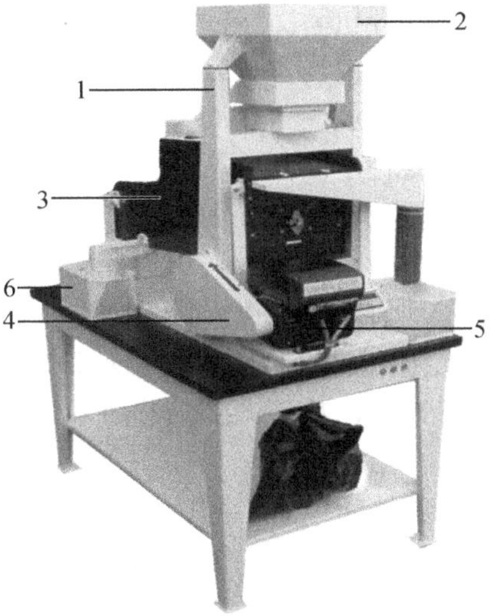

图 13-1　种子筛选机

1. 机架；2. 进料斗；3. 筛箱；4. 曲柄连杆机构；5. 电机；6. 接料斗

二、目的要求

了解种子筛选机的基本原理，明确其适用对象，掌握其使用方法。

三、材料和设备

1. 材料

玉米或小麦种子。

2. 器具

种子筛选机。

四、方法与步骤

1. 准备工作

检查设备部分连接完好，检查筛箱内是否有残留种子或杂质。根据拟筛分试验的物料样品情况，选择合适的筛片，分别安装在三层筛格中，检查橡胶球固定格中是否有橡胶球，然后锁紧筛片挡板固定螺栓；检查电磁振动给料器旋钮是否置于“0”位，筛箱振动频率指针是否预设置于“0”位置；所有接料口是否都放有接料斗。

2. 开机

连接电源，打开开关，让机器空转5 min，确定运行良好。

3. 作业

将种子倒入进料斗中，调节进料斗活门上下开度至合适位置后，筛箱振动频率调整至300次/min左右，以保证筛箱中橡胶球能够充分上下运动，及时清理筛片；按顺时针方向调节电磁振动给料器旋钮，调整单位时间内种子的喂入量，使种子均匀平稳地进入筛箱中，种子料层厚度控制在5～10 mm（种子厚度的两倍左右）。通过调节电磁振动给料速度和筛箱振动频率旋钮，可以调节物料在筛片上的运行速度，从而调节筛选质量。

4. 结束作业

筛选结束后，关闭电磁振动给料器，保持筛箱继续运行3 min左右。切断电源，打开筛箱，清理机器内部残留的种子及杂质。

五、注意事项

1. 作业前根据种子粒型、大小选装合适的筛片，根据宽度分选选择圆孔筛、根据厚度分选选择长孔筛。

2. 作业过程中，随时监测筛选质量，调整作业参数。

3. 对不同品种进行加工时，要彻底清理机器内部残留的种子及杂质，防止混杂。

实验十四　种子风筛清选机的操作使用

一、基本原理

风筛清选机是将风选与筛选装置有机地结合在一起组成的机器，主要利用种子的空气动力学特性进行风选，清除种子中的颖壳、灰尘，利用种子的外形尺寸特性进行筛选，清除种子中的大杂、小杂。风筛清选机分为预清机、基本清选机和复式清选机。预清机一般由一个风选系统和两层筛片组成，筛面倾角较大，生产效率高，清选质量相对较差；基本清选机由一个或两个风选系统和三层以上筛片组成，筛面角度较小，清选质量较好；复式清选机是在基本清选机的基础上，加配了按长度分选的窝眼筒或其他分选原理的部件。

风筛清选机由进料斗、电磁振动给料器、前后风选系统、筛箱体、机架、传动系统、控制面板、接料斗等组成（图14-1和图14-2）。进料斗中的种子在电磁振动给料器的驱动下均匀进入筛箱时，前吸风道将一部分尘土及轻杂、秕粒吸入旋风除尘器。其余种子进入上筛，大杂留在筛面上并由出料口排出，其他种子落入中筛，其中的大粒种子经筛箱振动，由出料口排出，小于中筛筛孔尺寸的种子进入下筛，小粒、破碎粒、土粒等小杂穿过下筛由废料口排出。中筛与下筛之间的种子流经后吸风道时，种子中的秕粒、轻杂等由后吸风道吹入沉降室，集聚在集杂盒中，而合格的种子由主出排料口排出。通过调节筛箱振动频率旋钮，可以调节种子在筛面上的运行速度；前后吸风道可以清除种子中的灰尘、轻杂和秕粒；筛箱中安装上、中、下三层筛片，分别用于分离大杂、大粒种子、中杂、小杂及小粒种子。

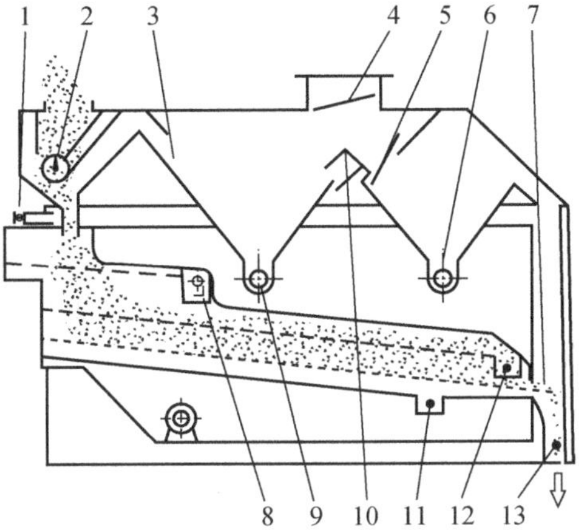

图 14-1　5X-4.0 型风筛清选机结构图

1. 喂入轮转速调节手柄；2. 喂入辊；3. 前吸风道调节阀；4. 主风门；5. 后吸风道调节阀；6. 后吸风道杂余搅龙；7. 调风板；8. 大杂；9. 前吸风道杂余搅龙；10. 风压平衡调节阀；11. 小杂；12. 中杂；13. 后吸风道

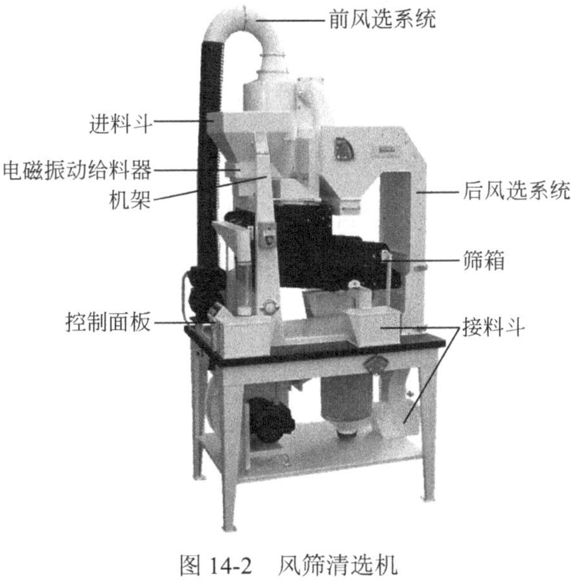

图 14-2　风筛清选机

二、目的要求

了解风筛清选机的原理，掌握风筛清选机的使用方法。

三、材料和设备

1. 材料

玉米或者水稻种子。

2. 器具

风筛清选机。

四、方法与步骤

1. 准备工作

根据待分选种子的物料特性选择合适的筛片进行更换；检测筛箱内是否有残留的种子及杂质；检查橡胶球固定格中是否有橡胶球，锁紧挡板固定螺栓；检查电磁振动给料器旋钮是否置于“0”位，筛箱振动频率指针是否预设置于“0”位置；所有接料口是否都放有接料斗，各个风量调节阀门是否处于关闭状态。

2. 开机

接通电源，打开开关，空机运转 5 min，确定机器运行良好。

3. 作业

将种子喂入进料斗，调节进料斗活门上下开度至合适位置后，锁紧螺母；启动风机，筛箱振动频率调整至 300 次/min 左右，以保证筛箱中橡胶球能够充分上下运动；按顺时针方向调节电磁振动给料器旋钮，调整单位时间内物料的喂入量，使物料均匀平稳地喂入筛箱中，观察物料在筛面上的厚度与分布情况，保证物料在筛面上连续、均匀，厚度不超过籽粒厚度的 3 倍。

4. 结束作业

分选结束后，关闭电磁振动给料器，保持机器继续运行 3 min 左右，使筛箱内的种子尽可能运动出来。然后，关闭筛箱振动系统，关闭前后风门。切断电源，打开筛箱清理。

五、注意事项

1. 作业过程中，随时监测筛选质量，调整作业参数。

2. 对不同品种进行加工时，要彻底清理机器内部残留的种子及杂质，防止混杂。

实验十五　种子窝眼筒清选机的操作使用

一、基本原理

窝眼筒清选机主要利用种子长度差异对各类种子进行筛选试验或对少量种子进行分级。根据种子与杂质的长度差异，可以将混入种子中的长、短杂清除出去，如清除水稻种子中的米粒，小麦种子中的野燕麦等。窝眼筒清选机如图 15-1 和图 15-2 所示，由进料斗、电磁振动给料器、窝眼滚筒、U 形集料槽、控制面板、

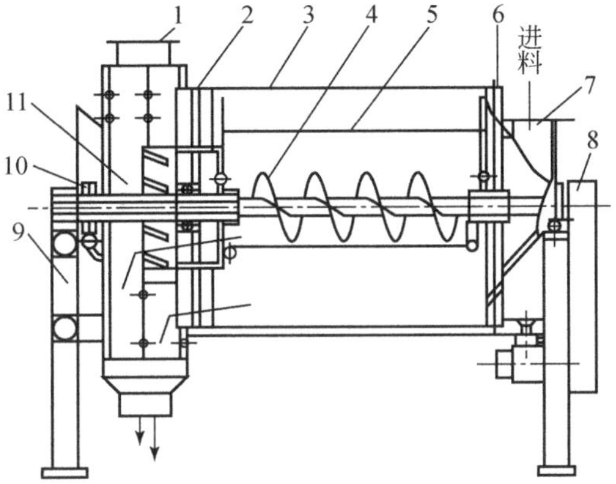

图 15-1　窝眼筒清选机结构图

1. 吸尘口；2. 后幅盘；3. 窝眼滚筒；4. 短物料螺旋输送器及传动轴；5. U 形集料槽；6. 前幅盘；7. 进料管；8. 传动装置；9. 机架；10. 集料槽调节装置；11. 排料装置

图 15-2　窝眼筒清选机外形

机架、接料斗等组成。长度小于窝眼直径尺寸的籽粒完全进入窝眼中，随着滚筒旋转上升到一定高度，靠自身重量落入滚筒内的U形集料槽中，随着U形集料槽沿滚筒轴线方向的前后振动，由排料口排出；长度大于窝眼直径尺寸的籽粒则不能进入或只能部分进入窝眼中，只能随着滚筒的转动，沿着筒壁逐步向排料口移动，从而将该批种子原料按长度尺寸分为两部分。

二、目的要求

了解窝眼筒清选机的基本原理，明确其适用对象，掌握其使用方法。

三、材料和设备

1. 材料

小麦或水稻种子。

2. 器具

窝眼筒清选机。

四、方法与步骤

1. 准备工作

检查设备部件是否连接完好，根据拟筛分种子批的情况，选择合适直径的滚筒进行更换；检查滚筒内是否有残留种子或杂质。窝眼滚筒调速指针预设置于“0”位置；窝眼滚筒安装角度是－2°；U形集料槽角度预设在－20°位置；检查所有接料口是否都放有接料斗。淘汰小麦中短杂时选用的窝眼孔直径为4.5～5.5 mm，淘汰小麦中长杂时选用的窝眼孔直径为8.0～9.0 mm；淘汰水稻中短杂时选用的窝眼孔直径为5.6～6.3 mm，淘汰水稻长杂时选用的窝眼孔直径为8.5～9.0 mm；淘汰胡萝卜种子中长杂时选用的窝眼孔直径为4.0 mm。

2. 开机

连接电源，让机器空转5 min，确定运行良好。

3. 作业

将种子倒入进料斗中，调节贮料斗活门上下开度至合适位置后，锁紧螺母；按顺时针方向调节滚筒旋钮，将滚筒转速调整至40 r/min左右。通过电磁振动给料调整单位时间内种子的喂入量，使种子均匀平稳地落入滚筒内。清除短杂时，好种子从滚筒排料口排出，短杂从U形集料槽出口排出；清除长杂时，长杂从滚筒排料口排出，好种子从U形集料槽出口排出。在分选过程中，可以根据排料口长粒、短粒的具体情况，适当调节滚筒转速、滚筒倾斜角度和U形集料槽的倾斜角度，从而调整长粒、短粒的分布情况，以获得最佳分选结果。通常集料槽斜面与水平面的夹角为30°～40°，滚筒倾角以1.5°～3.5°为宜。

4. 结束作业

分选试验结束后，关闭电磁振动给料器，保持窝眼滚筒继续运行 3 min，使滚筒中的种子尽可能排出来。关闭电源，拆下挡料板，将窝眼滚筒与 U 形集料槽内部清理干净。

五、注意事项

1. 作业前根据种子粒型、大小选装合适的窝眼孔直径筛片。
2. 作业过程中，随时监测筛选质量，调整作业参数。
3. 对不同品种进行加工时，要彻底清理机器内部残留的种子及杂质，防止混杂。

实验十六 种子比重清选机的操作使用

一、基本原理

种子的比重因作物种类、饱满度、含水量及病虫害程度的不同而有差异，差异越大，分离效果越明显。比重清选机（也叫作重力式清选机）主要用于清除混在种子中，与好种子形状、外形尺寸和表面特征非常相近而比重不同的劣种子或杂质，如虫蛀的、变质的、发霉的种子等。比重清选机主要由进料斗、电磁振动给料器、工作台面、传动系统、底部鼓风系统、控制面板、机架、接料斗等组成（图 16-1）。比重清选机使种子按籽粒的重量分层，进行轻重种子的分离。随着种子的连续均匀喂入和穿过台面的气流与台面振动力的共同作用，分层区在台面上逐步扩展，实现种子与杂质的有效分层，轻籽粒漂浮在上面，向台

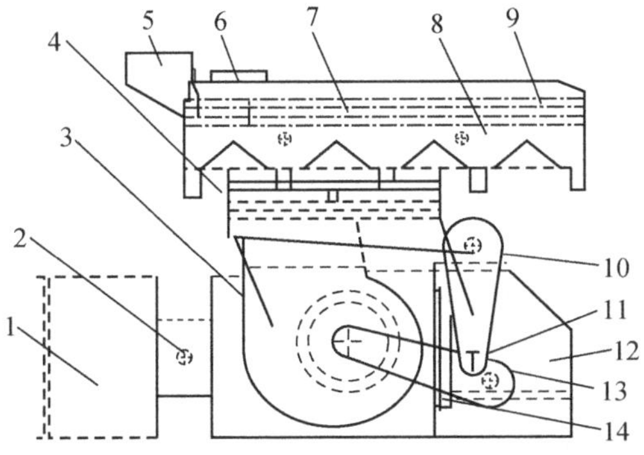

图 16-1 5TZ-1500 型通用比重清选机

1.吸风箱；2.风量调节机构；3.风机；4.振动框架；5.进料斗；6.除尘口；7.导料板；8.振动台架；9.工作台面；10.偏心调节机构；11.电机；12.机架；13.风机电机；14.无级变速装置

面较低的位置移动，而较重籽粒在下方，顺着台面的振动方向，向台面较高的位置移动，直至完全分离。

比重清选机的工作台面有三角形和矩形两种（图 16-2 和图 16-3），三角形台面的比重清选机重杂的工作行程长，分离重杂效果较好，可用于淘汰蔬菜种子中的泥土或石子颗粒。矩形台面的比重清选机轻杂工作行程长，分离轻杂效果较好，可用于淘汰谷物种子中的虫蛀粒或发芽、霉变籽粒等。

图 16-2　比重清选机（三角形台面）

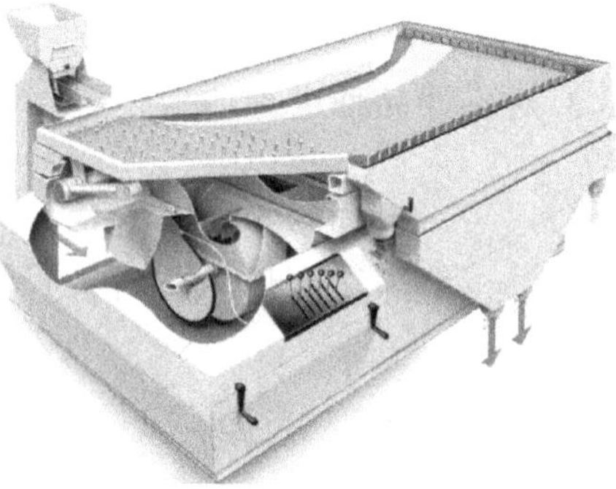

图 16-3　比重清选机（矩形台面）

二、目的要求

了解比重清选机的原理，比重分选的适用范围，掌握比重清选机的使用方法。

三、材料和设备

1. 材料

水稻、小麦或玉米种子。

2. 器具

比重清选机。

四、方法与步骤

1. 准备工作

根据拟加工种子批的情况，选择合适的工作台面进行更换，加工小粒种子时选择亚麻布面或铜丝编织网筛；加工小麦、水稻等中等粒度种子时选择 12～14 目方钢丝编织筛；加工玉米等大粒种子时选择 8～10 目方钢丝编织筛；检查台面上是否有残留的种子及杂质；检查比重清选机配件是否齐全，出料口是否有接料斗；检查电磁振动给料器旋钮及风量旋钮是否置于“0”位。为了充分发挥比重清选机的分层作用，要求种子进入比重清选机之前，必须通过风筛清选机或分级机进行处理，清除种子中的灰尘与颖壳，缩小种子外形尺寸之间的差异。

2. 开机

接通电源，打开开关，空机运转 5 min，确定机器运行良好。

3. 作业

将种子喂入进料斗，调节进料斗阀门上下开度至合适位置后，台面振动频率调整至 400 次/min 左右，风门调整至 1/3 位置。在电磁振动给料的驱动下种子落到工作台面上，调整单位时间内种子的喂入量，使种子在台面上连续、均匀地进行分布，种子厚度不超过 20 mm；在工作台面的往复振动和台面底部鼓风的共同作用下，台面的种子开始分层，较轻的籽粒浮在上层，较重的籽粒沉在底层。下层较重籽粒在摩擦力作用下逐步向台面高边移动，上层较轻籽粒向台面低边方向移动，当种子到达排料口时，落入不同的接料斗中。通过调节电磁振动给料速度、风机风量、台面振动频率、台面横向倾角和纵向倾角，可以调节种子在台面上的分布情况、机器的分选质量和加工能力。

4. 结束作业

分选试验结束后，关闭电磁振动给料器，逐步关小底部风机风门，保持工作台面继续运行 3 min 左右，台面上不再有残留的种子，切断电源。

五、注意事项

1. 比重清选作业的种子必须通过风筛清选机或分级机进行初步处理，清除种子中的灰尘与颖壳，缩小种子外形尺寸之间的差异。

2. 作业过程中，随时监测筛选质量，调整作业参数。

3. 对不同品种进行加工时，要彻底清理机器内部残留的种子及杂质，防止混杂。

实验十七 种子色选机的操作使用

一、基本原理

种子色选机是根据种子个体光学特性的差异，利用光电探测技术将种子中的异色颗粒自动分拣出来。色选机属于品质检测和分级的一种无损分选设备，在种子精选方面有着广阔的应用发展前景。色选机由进料斗、溜槽、光学系统、喷射系统、控制面板等组成（图 17-1）。在种子下落过程中，色选机通过光学系统拍照识别，通过预先建立的模型进行优、劣种子的实时判别，随之喷气阀将不良种子喷射出去，从而将优、劣种子分开。

BUHLER公司色选机

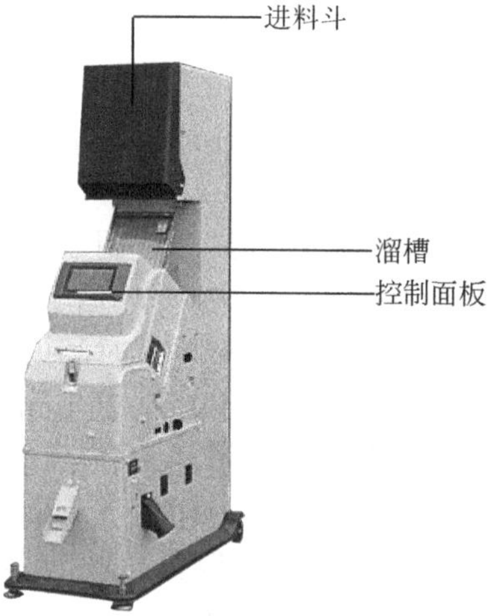

佐竹机械（苏州）有限公司的色选机

图 17-1　不同公司的色选机

二、目的要求

了解色选机的基本原理，掌握色选机的使用方法。

三、材料和设备

1. 材料

玉米或者蔬菜种子。

2. 器具

种子色选机。

四、操作步骤（非建模版）

以佐竹机械（苏州）有限公司 FMS2000 色选机为例进行介绍。

1. 准备工作

接通电源后，触摸屏启动，暖机运转 30 min，外界气温偏低时，暖机运转时间适当延长。

2. 作业

关闭进料斗的切断口，然后放入需要分选的种子；使用品种切换按键选择拟色选的物料；长时间按运行按键，风扇、毛刷、切断口依次启动，色选开始。确认良种的品质后，如有必要可调整设备的敏感度。运行过程中，请确保屏幕上气压值为 0.25 MPa。

3. 结束作业

首先在优良种子和劣质种子的排料口放好口袋，空转设备，使原料排出，结束后按停止按键，切断口、风扇停止，设备终止色选。然后切断主电源。接着用气压枪清扫喷射口、喷射管、光学部等附着的灰尘，以及切断口溜槽、流量调节阀上附着的垃圾污渍。运转结束后，务必切断气压源。最后手动排除冷凝水。

五、注意事项

1. 作业前种子需要经过初步的筛选，清除种子中的灰尘与颖壳、杂质等。
2. 作业过程中，随时监测筛选质量，调整作业参数。

实验十八 种子包膜技术

一、基本原理

种子包膜是指利用黏着剂或成膜剂，用特定的种子包衣机，将杀菌剂、杀虫剂、微肥、植物生长调节剂、着色剂等非种子材料，包裹在种子外面，种子仍基本保持原有形状，提高抗逆性、抗病性，加快发芽，促进成苗，增加产量，提高质量的一项种子技术。

二、目的要求

了解种子包衣剂（简称种衣剂）的特点，掌握种子包衣机的操作程序。

三、材料和设备

1. 材料

玉米种子、玉米种衣剂；油菜种子、油菜种衣剂。

2. 器具

CC-Lab 型种子包衣机（丹麦兴百利联合谷物有限公司，图 18-1）或其他型号种子包衣机、电子台秤（0.5～2 kg）、记号笔、针筒等。

图 18-1　CC-Lab 型种子包衣机

1.预储仓；2.液体种衣剂注入口；3.启动/停止；4.转盘调速；5.供电指示灯；6.停止指示灯；7.启动指示灯；8.主电源开关；9.卸料口

四、方法与步骤

1. 按仪器说明书要求，正确使用 CC-Lab 型种子包衣机对种子进行包衣

（1）根据拟包衣种子样品和种衣剂要求的药种配比，设定转盘速度　对于籽粒颗粒较大、外表均匀、光滑的种子，应设定较低的运行速度；对于籽粒颗粒较轻或颗粒表面粗糙的种子，转速可适当调高一点。

（2）准备

1）用电子台秤称取玉米种子 0.5～1 kg，进行 3 次重复，并记录数据。

2）按照种衣剂药种配比要求，计算种衣剂用量，并用针筒吸好备用。

（3）操作顺序

1）连接电源和气动空气单元。

2）开启主电源开关、开启除尘和启动空气供给。

3）按下“START”（开启）键开启内部电源；将种子注入预储仓中，将“ROTOR”（转盘）由“0”旋转至“1”位置，预设好需要的转盘旋转速度 4。

4）打开预储仓排料杆，种子落入混合仓内；从液体种衣剂注入口均匀快速地加入种衣剂（推荐最少使用 5 s 的注入时间，使得混合仓有足够的时间对种子进行包衣）。

5）种子在混合仓内做持续且充分的双曲线循环运动，使得种子和药剂充分混合。2～5 min 后，将混合仓中的种子通过卸料口卸下到样品盘内（建议混合时间尽可能短以避免混合仓中的种子完全干燥）。

6）待设备空转几分钟后，将“ROTOR”旋转至“0”的位置关闭转盘（在混合仓清空之后不要立即关闭转盘，否则转盘有可能会被干涸的液体药剂堵塞）。

7）如果对包衣结果不满意，可以重新设定转盘运行速度，重复上述试验过程，以便取得最佳的效果。

8）包衣试验结束后，用水清洗混合仓及种衣剂注入嘴，避免药剂或灰尘堵塞和黏结，保证转盘和内壁之间的空隙不被堵塞以避免转盘的堵塞。

9）按下“STOP”（关机）键关闭内部电源，关闭主电源开关。

2. 组织学生就近到种子企业现场参观

了解当地主要农作物种子包衣剂类型、特点及使用配方；参观当地主要包衣机械、包衣方法程序和注意事项。

五、注意事项

1. 为了 CC-Lab 型种子包衣机可无故障操作，必须确保所有种衣剂接触的部件清洁，避免阀门、喷口产生任何粘连，避免任何设备内部产生任何种衣剂的结块、积层等。

2. 在停机之前，一定要旋转仓继续旋转几分钟，否则种衣剂会干结后堵塞旋转仓和机器壁之间的缝隙。

3. 当包衣机顶部的观察盖板开启时，包衣机旋转部分，如离心盘和旋转盘的内部电源将被自动断开，但离心盘能够保持几秒运行，在离心盘完全停止之前不要触碰混合仓内部，以免运转的离心盘造成人员伤害。

实验十九　种子丸粒化技术

一、基本原理

种子丸粒化是在种子包衣技术上发展起来的新技术，该技术将杀虫剂、杀菌剂、肥料、植物生长调节剂及固（液）辅料等材料通过机械加工，有序分层地包敷到种子上，制成表面光滑、大小均匀、颗粒较大的丸粒化种子。

二、目的要求

了解种子丸粒化的基本原理，掌握种子丸粒化的基本操作技术。

三、材料和设备

1. 材料

（1）种子　　经精选的油菜、烟草、白菜、甘蓝等小粒作物种子。

（2）填充剂　　黏土、硅藻土、泥炭、炉灰等惰性物质。

（3）黏合剂　　阿拉伯树胶、聚乙烯醇等。

（4）其他　　种衣剂、着色剂等。

2. 器具

CC-Lab 型种子包衣机（丹麦兴百利联合谷物有限公司，图 18-1）、5ZW-3 型种子丸粒化包衣机（图 19-1）或者其他型号的丸粒化设备、电子台秤（0.5～3 kg）、针筒、口罩、橡胶手套等。

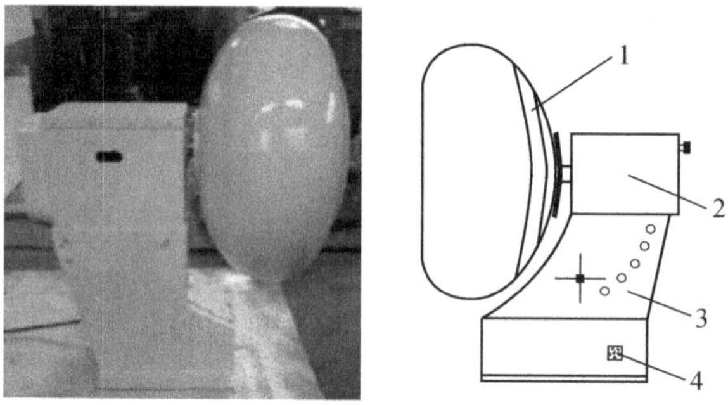

图 19-1　5ZW-3 型种子丸粒化包衣机实物（A）及示意图（B）

1.丸粒仓筒；2.传动系统；3.支架；4.控制按钮

四、方法与步骤

种子丸粒化的工艺流程为：种子精选→种子消毒→放入丸粒化包衣机中→喷施黏合剂→添加丸粒化物质（填充剂）（这两步重复多次）→丸粒化成型→添加着色剂→干燥→按粒度筛选分级→质量检验→计量→装袋。本实验只完成丸粒化成型即可。

1. 使用 CC-Lab 型种子包衣机丸粒化种子

基本操作与包衣操作规程相同（参考实验十八），不同之处如下。

1）称取 50～500 g 种子样品（根据种子大小、重量及丸粒化程度计算）。

2）按照种子丸粒化程度和步骤，计算出每个步骤所需的丸粒化物质（填充剂）和黏合剂重量。

3）种子进入混合仓后，用针筒从液体种衣剂注入口注入黏合剂，再加入丸粒化物质（填充剂），使丸粒化物质（填充剂）均匀包敷在种子表面，形成丸粒化层。重复加入黏合剂、丸粒化物质，以逐步增大颗粒体积。

4）每个步骤操作过程中，如果钵内有多余的丸粒化剂，应适当增加黏合剂用量，适当延长包敷时间，操作过程全程需戴口罩、橡胶手套。

2. 使用 5ZW-3 型种子丸粒化包衣机丸粒化种子

按仪器说明书要求，正确使用 5ZW-3 型种子丸粒化包衣机。

（1）电控操作说明　接通开关，按下启动按钮，电机启动。工作结束后，按下停止按钮，电机停止工作。

（2）种子丸粒化操作规程

1）检查仓筒与传动系统的连接是否牢固，检查控制按钮处的接触开关是否可靠。

2）根据试验种子的基本情况，称取 3 份相同重量的种子样品；按照种衣剂药种配比要求，计算丸粒化物质及黏合剂用量。

3）设定仓筒角度及转速，按下启动按钮，使设备运转。

4）将一份种子样品倒入仓筒中，采用喷雾设备将一定量的黏合剂喷施于种子表面。待种子表面被黏合剂均匀浸湿后，将一定量的丸粒化物质倒入仓筒中，进行丸粒化，重复这两个步骤直至种子丸粒化达到理想的程度。

5）丸粒化结束后，按下停止按钮使设备停止运作，从丸粒仓筒中取出物料。

6）如果对试验结果不满意，可以调整仓角、转速、黏合剂与丸粒化物质的用量等，重复上述试验过程，以便取得最佳的效果。

7）丸粒化试验结束后，关闭机器电源，拔下电源插头，将仓筒内外擦拭干净。

五、注意事项

1. 丸粒化种子需经过精选，从而保证丸粒化的质量。有杂质或不均一种子存在时，种子丸粒化效果会大打折扣。

2. 根据拟包衣试验物料样品情况，设定仓筒角度。对于籽粒颗粒较大、外表均匀、光滑的种子，应设定较大的运行仓角；对于籽粒颗粒较轻或颗粒表面粗糙的种子，应设定较小的仓角。丸粒化时间根据种子的丸粒化效果确定。

3. 每次喷液、加粉的量不宜过多，喷液、加粉的间隔时间不宜过长，应根据实际情况适时调整。

4. 对过筛后的丸粒化种子进行自然风干或人工干燥时，应注意烘干温度不宜过高，时间不宜过长，干燥不当会使丸粒化种子开裂。

实验二十　种子引发技术

一、基本原理

种子引发技术是基于种子萌发的生物学机制提出的，目的是促进种子萌发，提高发芽速度和整齐度，提高幼苗素质等。基于渗透调节的液体引发是通过调节细胞水分的供给速度和程度，从而影响种子萌发的速度和整齐度。渗透势调节主要考虑使用高胶体渗透压溶液或者盐溶液，其中常用的化学物质是聚乙二醇（PEG）。PEG 是一种高分子聚合物，化学稳定性高，不透过细胞壁，因而不影响细胞的生化反应。PEG 溶液通过胶体渗透势来调控细胞吸水的程度和状态，能使种子的吸水趋于稳定和同步化，最终提高萌发率和整齐度，比采用单一的水浸泡引发要有效得多。

二、目的要求

掌握种子引发的基本技术，了解引发处理对种子萌发的影响。

三、材料和设备

1. 材料

莴苣（*Lactuca sativa* L.）种子。

2. 器具

发芽箱、电子天平、培养皿、发芽纸、烧杯、封口膜。

3. 试剂

聚乙二醇（PEG）（相对分子质量 8000）、蒸馏水等。

四、方法与步骤

1. 种子引发

用电子天平称取约 10.00 g 莴苣种子，将种子置于 100 mL 烧杯内，加入－1.25 MPa 渗透势的 PEG 8000 溶液（31.38 g PEG 8000 溶于 100 mL 蒸馏水中）50 mL 浸没种子。烧杯用封口膜密封后，在发芽箱 20℃黑暗条件下放置 7 d。引发后种子用自来水快速冲洗，用发芽纸吸干种子表面水分，种子在室温下回干，称重至种子原始重量。

2. 种子发芽

在直径 9 cm 的培养皿内放 3 层湿润的发芽纸，每皿 50 粒种子作为一个重复，每处理 4 次重复。发芽试验选择 35℃和 20℃两个温度条件，并分别用引发和未引发的种子置床。在发芽的第 1 天，每 6 h 记录发芽种子数（以胚根突破种皮为发芽计算）；第 2～7 天，每天记录一次。

3. 结果计算

根据发芽种子数，计算发芽率（*G*）、发芽指数（germination index，GI）、平均发芽时间（mean germination time，MGT）（表 20-1）。

发芽指数（GI）：$\mathrm{GI}=\sum\frac{\mathrm{Gt}}{\mathrm{Dt}}$

平均发芽时间（MGT）：$\mathrm{MGP}=\frac{\sum \mathrm{Gt}\times \mathrm{Dt}}{G}$

式中：Dt——发芽日数；

Gt——与 Dt 相对应的每天发芽种子数。

平均发芽时间常用来表示发芽速度，平均发芽时间越短，发芽速度越快。

表 20-1 种子引发处理及发芽数据记载表

试验种子（学名）： 种子起始重量/g：

引发液（浓度）： 引发时间（温度）：

发芽置床日期：

是否引发	发芽条件	重复	计数1	计数2	计数3	计数4	计数5	计数6	计数7	计数8	计数9	计数10	计数11	计数12	发芽率/%	发芽指数	平均发芽时间
		1															
		2															
		3															
		4															
		平均值															

五、注意事项

1. 种子引发过程中，防止种子发霉。

2. 引发后的种子要用自来水快速冲洗，以免引发剂干燥在种子表面，影响后期种子贮藏与发芽。

实验二十一 种子包装技术

一、基本原理

经干燥、清选和精选等加工的种子，加以合理包装，可防止种子混杂，避免吸湿回潮，减轻病虫害感染，延缓种子劣变，保持种子旺盛活力，保证安全贮藏运输，从而提高种子商品特性。同时，种子包装有助于防止假冒伪劣种子流入市场，可增大市场的品牌竞争力。不同包装材料和包装方法对种子发芽率、种子活力等指标有不同的影响。作物类型不同，包装目的不同，选择的包装材料、容器和方法也不同。因此，我国制定了《农作物种子定量包装》《主要农作物种子包装》《农作物种子标签和使用说明管理办法》等一系列标准和规定，对种子包装的一般要求、外观质量要求、种子标签标准等各个方面进行统一规范。

目前，种子包装主要有按种子重量包装和按种子粒数包装两种方法，其工艺流程主要包括种子从散装仓库输送到加料箱→称量或计数→装袋（或容器）→封口（或缝口）→粘贴（或挂）标签等程序。我国种子包装已基本上实现自动化或半自动化操作。种子从散装仓库，通过重力或空气提升器、皮带输送机、升降机等机械运动送到加料箱中，然后进入称重设备，当达到预定的重量或体积时，即自动切断种子流，接着种子进入包装机，打开包装容器口，种子流入包装容器，最后种子袋（或容器）经缝口机缝口或封口和粘贴标签（或预先印上），即完成了包装操作。

二、目的要求

了解种子包装材料的种类和特性，熟悉种子包装的方法，掌握种子包装标签标注的内容，能够根据不同种子的特点选择适宜的种子包装材料和包装技术。

三、材料和设备

1. 材料

已精选好的不同作物种子若干；麻袋、编织袋、多层纸袋、铁皮罐、铝箔袋、聚乙烯铝箔复合袋及聚乙烯袋等各种不同的种子包装材料或容器；种子标签。

2. 器具

种子定量包装机、种子定数包装机。

四、方法与步骤

（一）种子包装材料及种子标签标注

1）仔细观察各种包装材料的种类，并说明其性质和特点与销售包装的外观质量。

2）根据其性质和特点，选择确定不同作物种子的包装材料或容器。

3）仔细观察种子包装材料（容器）外印刷或粘贴标签的内容。

4）总结归纳种子包装材料（容器）外印刷或粘贴标签的内容，制作不同作物种子销售时的包装和种子标签。

（二）种子包装

1. 种子定量包装机

种子定量包装机自动化程度高、速度快，可靠性强，可准确地称量玉米、豆类、小麦、花生、高粱等各种谷物和杂粮杂豆等种子。以玉米种子定量包装机为例，其工作过程如下：标定重量→调节标定重量的相应容积→喂料→采用容积初步计量→振动精确补料→智能称重仪显示重量→达到标定重量后自动停止补料→人工套袋→打开下料仓门→电子控制系统自动置零→往复操作。

种子定量包装机常常与现代化的大型种子加工设备成套使用，配套有上料设备、输送带、封包机等。

2. 种子定数包装机

目前蔬菜小粒种子采用定数包装的越来越多，先进的种子定数包装机，只要将精选种子放入漏斗，经定数的光电计数器，流入包装袋，自动封口，自动移到出口道，由人工装入定制纸箱，整个包装程序即完成。

五、注意事项

1. 用于销售的种子必须符合国际和国内规定的包装标准。
2. 种子标签内容齐全，包装材料性价比适宜。
3. 种子包装时在计量上力求准确无误，尽量减少误差，切不可缺斤少两。
4. 严格检疫，防止检疫性病虫草等有害生物的传播。
5. 按照种子包装技术操作规程，检查包装要求标注的内容，合格包装产品才能贮藏或销售。

实验二十二　种子加工成套设备调研

一、基本原理

种子加工是提高种子质量、促进种子市场流通的基本技术措施，是实现种子商品化、标准化的重要因素，是种子产业发展的核心。种子加工流水线是指对种子进行连续自动化加工处理的成套设备，通常由加工设备和辅助设备两大部分组成。一般国内公司设计 5 t/h 和 3 t/h 种子加工流水线，可实现烘干、除芒、风筛清选、窝眼分选、重力分选、包衣、计量包装等种子加工作业（图 22-1）。

图 22-1　种子加工成套设备

二、目的要求

通过本实验调查，了解种子加工成套设备总体设计、加工能力、主要加工工序、主要设备选型及性能指标等。

三、材料和设备

1. 材料

适用于水稻、小麦、玉米、大豆等农作物种子。

2. 器具

种子干燥机、种子风选机、种子窝眼筒清选机、种子比重清选机、谷糙分离机、包衣机、包衣后烘干机、包装设备等。

四、方法与步骤

1. 加工成套设备布局调查

根据实际参观种子企业加工厂，绘制种子加工成套设备布局，如干燥机—风选机—比重清选机—窝眼筒清选机—包衣机—包装机等。

2. 干燥设备

调查设备生产厂家、价格，以及主要技术参数，包括标准生产率、配套总动力、外形尺寸、整机质量等，了解操作过程。

3. 除芒设备

该设备是用来对水稻、大麦、牧草等种子进行除芒加工的技术设备，调查生产厂家、价格、生产率、配套总动力、工作部件转速、整机重、外形尺寸等，了解操作过程。

4. 风筛清选设备

调查生产厂家、价格，以及主要技术参数，包括标准生产率、配套总动力、外形尺寸、整机质量等，了解操作过程。

5. 窝眼筒清选设备

调查生产厂家、价格，以及主要技术参数，包括标准生产率、配套总动力、外形尺寸、整机质量等，了解操作过程。

6. 重力清选设备

调查生产厂家、价格，以及主要技术参数，包括标准生产率、配套总动力、外形尺寸、整机质量等，了解操作过程。

7. 谷糙分离设备

调查生产厂家、价格、净米（糙）筛层数、生产率、筛面尺寸、纵向倾角、横向倾角、振幅、振动频率、配套总动力、整机质量、外形尺寸等，了解操作过程。

8. 种子包衣设备

调查生产厂家、价格，以及主要技术参数，包括标准生产率、配套总动力、外形尺寸、整机质量、药剂与种子配比、种子供给系统、种衣剂供给系统、智能化控制系统等，了解操作过程。

9. 包衣后烘干设备

调查生产厂家、价格，以及主要技术参数，如滚筒直径、配套总动力、外形尺寸、整机质量、滚筒转速、滚筒倾角等，了解操作过程。

10. 种子包装设备

调查生产厂家、价格、生产率、外形尺寸、设备控制系统等，了解操作过程。

11. 种子输送系统

种子输送系统由垂直输送设备、水平输送设备、溜管、料流控制器等组成，调查垂直提升机组成、生产率，提升机、出料口控制器，水平输送设备长度，双体料槽、同频反向配置，料槽宽、高、输送长、振动机构、驱振频率等，了解操作过程。

12. 物料暂存系统

调查风选机、窝眼筒清选机、比重清选机、谷糙分离机、包衣机喂料斗上方缓冲仓体积等，了解操作过程。

13. 除尘系统和集杂系统

调查除尘系统组成，如中央风机，旋风分离器，风量调节阀及干、支、毛三级除尘管等，调查风机风量、风压、配套总动力等，了解操作过程。

14. 控制系统

控制系统是种子加工流水线的重要组成部分，调查控制面板上绘制的整套设备生产线简化流程图、电源总开关、储料仓控制开关等，了解操作过程。

五、注意事项

1. 每个公司由于基地规模、加工作物不同，种子加工流水线工艺流程存在差异，可以根据调研企业实际情况开展调研。

2. 在设计种子加工流水线时，一般要保证加工流水线工艺流程的可变可调，以满足各种不同加工需要，不同作物加工所需设备可能有差异。

3. 调研时候要听从公司技术人员指挥，注意安全。

第三章　种子贮藏实验技术

实验二十三　种子超干贮藏技术

一、基本原理

种子超干贮藏是将种子水分降至5%以下密封后在室温条件下贮藏，即通过降低种子水分以代替低温贮藏，达到相同贮藏效果的一种方法。目前各国科学家已对种子超干贮藏的效果取得了共识，但是不同类型的种子耐干能力存在差异。油料种子耐干能力强，它可忍耐极度的脱水；淀粉类种子的耐干能力在种间差异很大，如高粱、小麦、大麦种子耐干能力较强，而水稻种子和大豆种子的耐干能力在品种间存在较大的差异。有关不同作物种子超干贮藏的最适含水量、超干种子发芽技术等方面还有待研究。

二、目的要求

通过实验，获得低于5%的不同含水量的种子，并进行真空包装；了解超干处理对种子发芽的影响，掌握种子超干贮藏的最适含水量等。

三、材料和设备

1. 材料

水稻、小麦、油菜等种子。

2. 器具

干燥器、天平、粉碎机、真空包装机、发芽箱、尼龙网袋、硅胶、铝箔袋、发芽纸、培养皿等。

四、方法与步骤

1. 种子脱水处理

将种子置于尼龙网袋中，置于干燥器内硅胶中，硅胶与种子重量之比为10∶1（可以调节），25℃下快速干燥，每天更换经120℃充分干燥冷却后的硅胶。每隔一定时间称重，以制备低于5%的不同含水量的种子。

2. 种子含水量测定

具体方法见本书第四章实验三十二。

3. 真空包装

用铝箔袋将种子密封备用。真空包装步骤包括：将真空包装机的电源插上、打开电源按钮；调节抽气时间、调节封口时间、调节热封延时；装好种子，放置箱内的封口处；按下顶盖即可操作，真空表面回零即工作完。

4. 种子预处理

在超干种子发芽前采用逐级回水的平衡水分法对种子进行处理。将种子装于尼龙网袋中，置于干燥器上部，底部加入水，密封，平衡 24 h。

5. 种子发芽率测定

预处理后，对种子进行发芽率测定，具体步骤见本书第四章实验三十，分析种子超干贮藏对种子发芽的影响。

五、注意事项

1. 不同作物种子超干贮藏的最适含水量存在差异，干燥时间、种子发芽预处理时间存在差异，不同作物种子的超干贮藏需要大量预备试验。

2. 为确保超干种子长期贮藏，种子密封包装尤为重要。封口质量不佳时，检查封合电压波动或电压选择是否恰当，封合时间是否合适，封合电磁阀是否正常工作，硅胶条、高温布是否平整等。

实验二十四　种子超低温贮藏技术

一、基本原理

种子超低温贮藏是指利用液态氮（−196℃）为冷源，将种子等生物材料置于超低温下，使其新陈代谢活动处于基本停止状态，从而达到长期保持种子寿命的贮藏方法。

二、目的要求

了解超低温贮藏的基本技术，了解影响超低温贮藏技术的因素。

三、材料和设备

1. 材料

红小豆、荞麦、谷子、牧草等种子。

2. 器具

培养箱、超低温冰箱、水浴锅、液氮罐、聚乙烯袋、发芽纸、培养皿等。

四、方法与步骤

1）将种子干燥或在饱和蒸汽下吸湿，将其水分调整为10%左右的低含水量和30%左右的高含水量（可根据作物种类，适当调整含水量的高低）。

2）将高、低含水量的种子分别分成两组，用聚乙烯袋包装后冷冻：第一组种子直接投入液氮（－196℃）中保存30 d；第二组种子经－80℃（超低温冰箱，2 d）后再投入液氮－196℃冷冻保存28 d。以高、低含水量种子各常温贮藏30 d为对照。

3）冷冻结束后，将每组种子再分两组解冻：一组在室温18℃缓慢解冻，另一组在38℃水浴锅中快速解冻。

4）解冻后的种子于25℃黑暗中经蒸馏水浸泡24 h后用蒸馏水冲洗数次，选取50粒饱满健壮的种子作为一个重复，置于25℃培养箱中进行发芽试验，每个处理进行4次重复。逐日记录发芽种子数，发芽结束后统计发芽率，计算发芽指数和平均发芽时间，计算公式可以参照实验二十。

5）分析不同方式超低温贮藏对种子发芽的影响。

五、注意事项

1. 准确控制好超低温贮藏种子的含水量，确保种子的贮藏效果。

2. 超低温贮藏后的种子要做好解冻工作，只有这样才能减少冻害对种子发芽的影响。

实验二十五　种子仓库的熏蒸消毒技术

一、基本原理

种子仓库进行种子熏蒸灭虫时，熏蒸剂须具有渗透性强、防效高、易于通风散失等特点。常见的熏蒸剂有磷化铝、氯化苦（花生种禁用）、溴甲烷、二氯乙烷等。生产上应用最广的熏蒸剂是磷化铝，其防治原理是磷化铝在室温下吸收空气中的水分产生磷化氢气体（PH_3），该气体穿透力强，能够杀死仓库内种子堆外部及内部的害虫，并具有抑制和杀灭微生物的作用，且对种子发芽率没有影响。

二、目的要求

练习磷化铝的正确使用方法，掌握种子仓库熏蒸的技术。

三、材料和设备

1. 材料

种子仓库与种子。

2. 器具

防毒面具、报纸、机油、塑料薄膜、塑料布或塑料盒、小布袋、细绳、帐幕、滤纸等。

3. 试剂

磷化铝片剂、5% $AgNO_3$ 溶液等。

四、方法与步骤

种子仓库的药剂熏蒸必须按照安全技术规程来进行。正确使用磷化铝片剂熏仓的步骤如下。

1. 熏蒸的准备

1）调查现场害虫的虫口密度、种类、虫期和主要活动栖息部位，种子的品种、数量、用途、含水量、储藏时间，以及堆放形式、种温、仓温、气温、湿度等，仓库设施的结构密闭性能、内部机器设备及与四邻居民住房的距离等。

2）结合近期天气预报，测量仓库和种堆体积，确定施药量。

3）根据现场调查的情况，进行综合分析，制定熏蒸方案，如仓库密闭性能差，应采用帐幕熏蒸，而不能整仓熏蒸；下雨天不可熏蒸，种子含水量过高时，熏蒸会降低种子发芽率。

4）根据选定的药剂和施药方法，准备好施药器材、安全防护用具和材料。

5）整理种子堆和熏蒸物，整仓散装种子熏蒸要扒平种面，留好走道，出入要方便、安全。

6）包装好的种子，要堆码牢实，堆垛之间要架木板，出入口堆成梯形，以便安全行走，库内暴露的金属器具、仪表等易腐蚀的物品，要拆卸移出或将暴露部位以机油或用塑料薄膜密封起来。

7）对施药人员要进行组织分工，明确责任，必要时应先演练一次。

2. 熏蒸前密闭仓库

用报纸糊好仓库的门缝和窗缝，做到闭仓时密闭不漏气。

3. 投药量

磷化铝粉剂用药量，种子堆为 4～6 g/m^3，仓库空间为 2～4 g/m^3，加工厂或器材为 3～5 g/m^3。

4. 做好防毒准备

检查防毒面具的完好性，戴好防毒面具，打开磷化铝药盒进行施药。

5. 熏蒸方法

1）种面施药：散装仓库可在种子堆表面均匀布点，底层铺放塑料布或塑料盒，每点放置 10～15 g 磷化铝片剂。

2）布袋深埋：按各点施药量将药剂装入小布袋内，每袋装片剂不超过 5 片，粉剂不超过 25 g。用投药器由里向外把药包埋入种子堆，每个药包应拴一条细绳，其一端在种面外，以便熏蒸放气后，按细绳标志，取出药包。若种子堆过厚（3 m 以上），可采用种面施药与布袋深埋施药相结合的方法。此外，对包装好的种子堆，可在堆垛表面按间隔 0.7 m 的距离放置药包，在垛的中部投放用药量的 1/3，表面投放用药量的 2/3。

3）帐幕熏蒸：仓库大、种子少时，可用帐幕将种堆覆盖熏蒸，帐幕不能透气，并有适当支撑，使帐幕内有一定的空间，以利于磷化氢气体顺利扩散，其用药量按种子堆体积和帐幕内空间一并计算。

6. 投药后密闭仓库

投药后施药人员要迅速出仓库，关闭好仓库门，糊严缝隙。

7. 熏蒸时间

种子温度在 20℃以上时闭仓熏蒸 3 d，种子温度为 16～20℃时闭仓熏蒸 4 d，种子温度为 12～15℃时闭仓熏蒸 6 d。每个投放点的片剂不能叠放，粉剂厚度不宜超过 0.5 cm。

8. 通风散毒时间

熏蒸时间到达后，打开仓库门窗通风散毒 5～7 d。

9. 检查毒气是否散尽

用浸湿过 5% $AgNO_3$ 溶液的滤纸在仓库内检测残存的 PH_3 气体，当确认检测滤纸不变色时才可进入仓库作业，如果检测滤纸变色则仍然需要继续通风散毒，直至毒气散尽为止。

10. 残留药渣处理

收拾各药点的药渣，并进行深埋处理。

五、注意事项

磷化铝片剂在空气中吸收水分产生的 PH_3 气体，对人有很高的致毒性。因此，在种子仓库熏蒸灭虫时一定要注意以下几个问题。

1. 仓库密闭要严，防止漏气。

2. 熏蒸仓库内勿存放铜铁器材，以防腐蚀损坏。

3. 操作人员一定要戴好防毒面具，使用前后都需检查防毒面具是否完好，操作后应洗手、脚、衣裤及各种用具。

4. 严格控制用药量，投药点要分散均匀，多点薄摊，不要堆积，防止用药过多发生自燃，造成事故。

5. 熏蒸完毕后人员不要急于进入仓库，进入仓库前用浸湿5% $AgNO_3$溶液的滤纸在仓库内检测，待滤纸不变色时方可进仓工作。

6. 通风散气，通风一律从仓库外部开启门窗，先开下风方向，再开上风方向，先开上层，再开下层。

7. 熏蒸后的药渣要深埋处理，以免人畜中毒。

8. 熏蒸期间发生自燃时，必须使用干沙灭火，不可用水灭火。

9. 帐幕熏蒸时，要求帐幕内结露的水滴不能落到药剂上。

实验二十六　种子仓库有害生物的识别

一、基本原理

种子仓库害虫（简称有害仓虫）的活动规律随温度的变化而变化。温度在15℃以下时，有害仓虫行动迟缓；在适于生命活动的温度范围内，有害仓虫活动随着温度的升高逐渐变得活跃。一年中，冬季低温时期的有害仓虫危害最小；春季气温回升时期的危害逐渐增大；夏季高温时期的危害较大，尤其在7～8月，有害仓虫活动猖獗，危害最严重；秋季随着温度的下降，危害逐渐减小。有害仓虫在种子堆内的区域也因种温变化而变化，有害仓虫一般是向种子堆中的高温区域移动，春季移向南墙的堆表33 cm以下，夏季多集中在堆表，秋季移向靠北的堆表33 cm以下，冬季则移向种堆内1 m以下深处。

二、目的要求

掌握种子仓库有害生物的检查方法。

三、材料和设备

1. 材料

仓库贮藏的水稻、玉米、小麦等种子。

2. 器具

取样铲、扦样器、种筛、白纸等。

四、方法与步骤

1. 有害仓虫检查的布点和周期

检查有害仓虫时要根据有害仓虫的习性和密度来确定取样点。散装种仓种子堆面积在100 m^2以内的设取样点5～10个，种子堆面积为101～500 m^2的设取样点 10～13 个。取样时在有害仓虫群集处分层设点，堆高在 2 m 以内的设 2 层，堆高超过 2 m 的设 3 层。种子堆上层用手或取样铲取样，每点取样不少于 1 kg；种子堆中下层可用扦样器取样，每点取样不少于 0.5 kg。

袋装种子 10 包以下的应逐包取样，500 包以下的取样 10 包，500 包以上的按 2%取样。扦样时，每个样品不少于 1 kg。袋装种子取样时，应注意外层多设点，内层少设点。

检查周期根据气温和种温来确定。一般情况下，冬季温度在 15℃以下时，每 2～3 个月检查 1 次；春秋季温度在 15～20℃时每月检查 1 次，温度超过 20℃时每月检查 2 次；夏季高温期，应每周检查 1 次。

2. 有害仓虫检查的方法

对籽粒外的有害仓虫采用过筛检查法，即选择合适筛孔的种筛，将每个检查点所取的样品过筛 3 min，将有害仓虫筛下来，按照每千克种子样品中的活虫头数计算虫害密度，并调查有害仓虫种类。在缺少种筛的情况下，可以将待检查的样品平摊在白纸上，手捡查虫。

在低温期需正确判断有害仓虫死活状况，可将检查出来的仓虫供热，受热后爬动的为活虫。蛾类仓虫检查，可用撒种看蛾飞目测法。对于籽粒内部的有害仓虫，可采用刮粒法、饱和食盐比重法或 X 线法检查。

3. 霉烂、鼠、雀的检查方法

霉烂的检查一般采用鼻闻和目测的方法，检查部位一般是种子容易受潮的底层、墙角、柱基等阴暗潮湿处，或沿门窗、漏雨、渗水等部位，以及容易结露和杂质集中的部位。检查时期的长短主要根据季节、种仓防潮隔热性能、种子水分和种子温度情况确定。

鼠、雀的检查是通过观察仓内有无鼠雀粪便和活动留下的痕迹。平时应将堆表整平以便发现活动足迹，一经发现则应予以捕捉杀灭，还需堵塞漏洞。

五、注意事项

注意根据种子仓库仓虫活动的规律进行布点和检查。

实验二十七　种子仓库贮藏管理

一、基本原理

种子仓库（简称种仓）是保藏种子的场所，也是种子贮藏的生存环境。建造安全、牢固的种子仓库非常重要和必要。同时，为了保存高质量的种子，也必须做好入库前的种子准备工作，如种子质量检验、种子干燥、清选分级，以及仓库准备工作，如仓房维修、清仓消毒等。进行种子仓库贮藏管理首先需要了解仓库类型与结构、设施等，目前房式仓是我国建仓数量最多、容量最大的一种仓库。低温仓是利用人为或自动控制的制冷设备及装置保持和控制种子仓库内的温度、湿度稳定。为了提高管理人员的工作效率、技术水平，减轻管理人员的劳动强度，种子仓库需配备各种设备，如检验设备、装卸设备、输送设备、机械通风设备、种子加工设备、熏蒸设备、消防设备及包装设备等。查仓是一项较细致的工作，操作时应有计划、有步骤地进行，以便能及时发现问题，全面掌握种情。

二、目的要求

通过调查实验，了解仓库的类型与结构、设施，种子堆放方式；掌握种子贮藏期间的管理，种仓检查步骤，了解种子贮藏技术和管理经验。

三、材料和设备

当地就近种子公司的种子仓库，种子检验相关使用设备参考第四章种子检验部分相关实验。

四、方法与步骤

1. 仓库调查

调查种子仓库类型与结构，是房式仓还是低温仓，以及仓内设施，如防潮层、防雀网、防鼠板、垫仓板等。

2. 调查各种设备

调查检验设备如测温仪、测湿仪、水分测定仪、生活力测定仪、电烘箱、发芽箱、容重器、放大镜、显微镜和筛子等；机械输送设备如堆包机、移动式皮带输送机；通风机械如风机、管道；药剂处理设备如消毒机、药物拌种机等；熏蒸、消防设备；包装、计量器材等。

3. 种仓准备

包括种仓的检查、清仓、消毒和计算仓容等。

4. 种子入库

入库前检测种子水分、发芽率等，做好种子堆放工作，如袋装贮藏、散装贮藏。

5. 种仓检查

1）打开仓门后，检查有无异常的味道，然后再看门口、种面等部位有无鼠雀的足迹及墙壁等部位是否有仓虫。

2）划区设点，安放测温、测湿仪器。

3）扦取样品，以便进行水分、发芽率、虫害、霉变及净度等的检查。

4）观看温度、湿度结果。

5）进一步看仓库内外有无倾斜、缝隙和鼠洞。

6. 种子质量检验

包括种子扦样、种子水分、发芽率、纯度和净度测定，以及虫害、霉变情况调查，具体方法参考第四章种子检验部分相关实验。

7. 结果记录

填写仓内种子情况记录表，如表 27-1 所示。根据以上的检查情况，进行分析，提出意见，如有问题应及时处理。

表 27-1　仓内种子情况记录表（%）

品种名称	入库日期	种子数量	检查日期	仓外湿度	仓内湿度	气温	仓温	种堆温度															种子水分	发芽率	种子纯度	虫害情况	处理意见
								东			南			西			北			中							
								上层	中层	下层	上层	中层	下层	上层	中层	下层	上层	中层	下层	上层	中层	下层					

8. 结果分析

分析种子贮藏管理的关键要点。

五、注意事项

1. 根据当地实际情况，就近参观种子仓库，进行现场教学。

2. 由于作物不同种子贮藏管理存在差异，通过学习了解当地主要作物种子的贮藏特性和贮藏管理特点及要求。

第四章　种子检验实验技术

实验二十八　种子扦样技术

一、基本原理

扦样通常是指利用一种专用的扦样器具，从袋装或散装种子批进行取样的工作。扦样的目的是从一批大量的种子中扦取适当数量、有代表性的送验样品供检验之用。扦样是否正确，样品是否有代表性，直接影响到种子检验结果的正确性。对扦样工作要予以高度重视，必须尽量设法保证送到检验室（站）的样品能准确地代表该批被检验的种子成分。为此，扦样应遵循的原则主要有以下几点：①种子批应均匀；②扦样点均匀分布；③各个扦样点扦出种子数量应基本相等；④用合格扦样员扦样，以确保按照程序扦取代表性样品。

二、目的要求

熟悉各种扦样工具的正确使用方法，掌握扦样方法和步骤。

三、材料和设备

1. 材料

水稻、玉米或小麦等袋装或散装种子批，金属罐、纸盒或其他小包装种子批。

2. 器具

单管扦样器、长柄短筒扦样器、圆锥形扦样器；钟鼎式分样器、横格式分样器、分样板；天平，样品盘、样品罐或样品袋，封条等。

四、方法与步骤

1. 了解种子批情况

扦样前应向有关人员了解种子来源、产地、田间检验情况，种子入库前处理、入库时间，贮藏中是否翻晒、倒仓、熏仓；种子是否受潮、受热、受冻，以及种子仓库周围环境等情况。

2. 选用扦样器具

针对不同的种子类型和包装形式，选用不同的扦样器具。一般情况下，散装种子用长柄短筒扦样器或圆锥形扦样器扦样，玉米、小麦、水稻袋装种子用单管扦样器扦样。

3. 划分种子批

种子批是指种子来源、名称、年份、时期、质量一致的一定数量的种子。扦样前应先确定种子批大小是否符合规定、堆放是否利于扦样、种子袋的封口和标识是否符合要求等。一般来说，一批种子重量容许差距为所规定重量的±5%，否则应另行划批。按照规定，种子批最大重量，玉米为 40 000 kg，小麦为 25 000 kg，水稻为 25 000 kg，可参考表 28-1。

表 28-1 主要农作物种子批的最大重量和样品最小重量

种（变种）名	种子批的最大重量/kg	样品最小重量/g		
		送验样品	净度分析试样	其他植物种子计数试样
水稻	25 000	400	40	400
小麦	25 000	1000	120	1000
大麦	25 000	1000	120	1000
玉米	40 000	1000	900	1000
甘蓝型油菜	10 000	100	10	100
棉花	25 000	1000	350	1000
大豆	25 000	1000	500	1000
花生	25 000	1000	1000	1000

4. 扦取初次样品

初次样品是指从种子批一个扦样点上所扦取的一小部分种子。不同的种子类型和包装形式的扦样方法各异，主要分为以下三种，可以参考表 28-2 和表 28-3。

1）散装种子扦样方法：散装种子是指贮存于大于 100 kg 容器的种子批或正在进入容器的种子流。种子批应按种子堆水平面积、种子堆高度分区（层）设点，然后由上到下扦取初次样品。种子流应根据种子数量和输送速度，定时、定量地在输送流横向截取初次样品。

2）袋装种子扦样方法：应先根据欲检种子袋数确定扦样袋数，均匀设置扦样点，并从各扦样点袋中扦取初次样品。

3）小包装种子扦样方法：首先将小包装种子合并成 100 kg 为一个扦样的基本单位，然后从每个基本单位中扦取初次样品。

表 28-2　散装种子批扦样点数

种子批大小/kg	扦样点数
50 以下	不少于 3 点
51～1500	不少于 5 点
1501～3000	每 300 kg 至少扦取 1 点
3001～5000	不少于 10 点
5001～20 000	每 500 kg 至少扦取 1 点
20 001～28 000	不少于 40 点
28 001～40 000	每 700 kg 至少扦取 1 点

表 28-3　袋装种子扦样方法

种子批的袋数（容器数）	扦取的最低袋数（容器数）
1～5	每袋都需扦取，至少扦取 5 个初次样品
6～14	不少于 5 袋
15～30	每 3 袋至少扦取 1 袋
31～49	不少于 10 袋
50～400	每 5 袋至少扦取 1 袋
401～560	不少于 80 袋
561 以上	每 7 袋至少扦取 1 袋

5. 配制混合样品

将各袋或各点或各扦样单位扦出的初次样品，经感官粗查，只要质量基本一致，就可将它们充分混合组成混合样品。

6. 送验样品的配制与处理

1）送验样品的配制：混合样品经过适当减少并送交检验站供品质检验用的样品称为送验样品。将送验样品采用不同类型的分样器，如钟鼎式分样器、横格式分样器、分样板进行分样。利用天平称取样品，置于样品盘、样品罐或样品袋中。送验样品的数量因作物种类、测定项目不同而异。一般情况下，玉米和小麦的送验样品数量为 1000 g，水稻为 400 g。

2）送验样品的处理：分取到的两份送验样品，一份装入密闭容器，用于检验种子水分；另一份装入样品袋，用于检验种子纯度、发芽力、生活力等。

7. 样品的标记、封签包装、发送

每一样品必须加以标记，使样品与批之间建立联系。应将写明“批”次的标签贴在或放入样品中。必须为送验样品包裹准备一份扦样单，表内逐项填入必要的说明（表 28-4）。样品应由扦样机构立即送往种子检验站，不得延缓。

表 28-4　种子质量扦样单

<table>
<tr><td>样品编号</td><td></td><td>作物名称</td><td></td><td>品种名称</td><td colspan="2"></td></tr>
<tr><td>质量等级</td><td></td><td>注册商标</td><td></td><td>型号规格</td><td colspan="2"></td></tr>
<tr><td>生产年度</td><td></td><td>生产日期（种子批号）</td><td></td><td>扦样方式</td><td colspan="2"></td></tr>
<tr><td>种子批重/g</td><td></td><td>包装及其件数</td><td></td><td>样品重量/g</td><td colspan="2"></td></tr>
<tr><td rowspan="2">种子批化学处理说明</td><td colspan="2" rowspan="2"></td><td rowspan="2">质量指标</td><td>纯度/%</td><td>净度/%</td><td>发芽率/%</td><td>水分/%</td></tr>
<tr><td></td><td></td><td></td><td></td></tr>
<tr><td>检验项目</td><td></td><td>检验依据</td><td></td><td>判定依据</td><td colspan="2"></td></tr>
<tr><td>扦样地点</td><td colspan="7"></td></tr>
<tr><td rowspan="3">被扦单位</td><td>名称</td><td colspan="2"></td><td>电话</td><td colspan="3"></td></tr>
<tr><td>地址</td><td colspan="2"></td><td>邮编</td><td colspan="3"></td></tr>
<tr><td>经营许可证编号</td><td colspan="2"></td><td>法人代表</td><td colspan="3"></td></tr>
<tr><td rowspan="3">生产单位</td><td>名称</td><td colspan="2"></td><td>电话</td><td colspan="3"></td></tr>
<tr><td>地址</td><td colspan="2"></td><td>邮编</td><td colspan="3"></td></tr>
<tr><td>生产许可证编号</td><td colspan="2"></td><td>法人代表</td><td colspan="3"></td></tr>
<tr><td>备注</td><td colspan="7"></td></tr>
<tr><td colspan="3">整个扦样工作均在我们的陪同下完成，以上所填各项真实无误，抽样方法正确，样品具有代表性、真实性和公正性。

被扦单位法人代表或授权人：

被扦单位公章：

年　月　日</td><td colspan="5">按有关扦样标准和本次检验实施细则的要求完成全部扦样工作。严守质检纪律，保证样品具有代表性、真实性和公正性，对扦样单填写和样品确认无误。

扦样员：

扦样单位公章：

年　月　日</td></tr>
</table>

本扦样单一式 3 份，第一联，被抽检单位留存；第二联，随样送承检单位；第三联，抽样单位留存

五、注意事项

1. 当扦取一批种子样品时，种子批种子应均匀，堆放时应便于扦样，扦样人员至少能靠近种子批堆放的两个面，否则必须移动扦样位置。

2. 在扦样时，从每个被扦样的容器（袋内）或散装种子（仓柜、汽车、货车等内）的各个部位扦取大约相同数量的种子。

3. 种子样品通常应装入布袋或纸袋中，以防在运输中损坏。发芽试验的样品不应装入防潮容器中；反之，测定种子水分的样品必须装入防潮容器中。

实验二十九 种子净度分析

一、基本原理

净度分析是将试验样品分为净种子、其他植物种子和杂质三种成分，并测定其百分率，同时测定其他植物种子的种类及含量。通过种子净度分析，可从净种子百分率了解种子批的利用价值；从其他植物种子的种类和含量，决定种子批的取舍和危害，因为异作物种子的混入会影响机械收获、产量和产品质量，许多有害或有毒杂草含有有毒物质，会造成人畜中毒；杂质种类和含量可为进一步清选加工提供依据，确保种子安全贮藏，提高种子利用率。因此，净度分析是种子检验的重要项目之一，对现代农业生产有着重要的意义。

二、目的要求

掌握净种子、其他植物种子和杂质的鉴定标准，学会净种子、其他植物种子数目的测定方法和结果计算。

三、材料和设备

1. 材料

水稻、玉米或小麦等种子送验样品一份（小麦≥1000 g、玉米≥1000 g、水稻≥400 g）。

2. 器具

净度分析台、分样器、电动筛选机、吹风机、天平（感量为 1.0 g、0.1 g、0.01 g、0.001 g 和 0.0001 g），不同孔径的套筛、瓷盘、放大镜等。

四、方法与步骤

1. 称取送验样品

用规定感量的天平称取规定重量的送验样品，得出送验样品重量 M。

2. 重型混杂物的检查

将送验样品倒在光滑的瓷盘中，过筛或手拣挑出重型混杂物，在天平上称重（m），再将重型混杂物分成其他植物种子（m_1）和杂质（m_2）。

3. 试验样品的分取

1）将除去重型混杂物的送验样品混匀，从中分取试验样品（简称“试样”）1 份，或半试样 2 份，如半试样种子，水稻≥20 g、小麦≥60 g、玉米≥450 g。分样可使用分样器或采用四分法。

2）用天平称出试样或半试样的重量，按规定留取小数位数，见表 29-1。

表 29-1　称重与小数位数（ISTA，1996）

试样或半试样及各种成分重量/g	小数位数
1.0000 以下	4
1.000～9.999	3
10.00～99.99	2
100.0～999.9	1
1000 或以上	0

注：ISTA 为国际种子检验协会

4. 试样的分析与分离

将（半）试样倒在净度分析台或平整光滑的实验台桌面上，根据标准将（半）试样分离成净种子、其他植物种子和杂质三部分。试样的分离也可借助放大镜、不同孔径的套筛、吹风机等器具，在不损伤发芽率的基础上进行。

借助不同孔径的套筛的分离方法为：选用筛孔适当的两层套筛，要求小孔筛的孔径小于所分析的种子，而大孔筛的孔径大于所分析的种子。使用时将小孔筛套在大孔筛的下面，再把筛底盒套在小孔筛的下面，倒入（半）试样，加盖，置于电动筛选机上或手工筛动 2 min。筛理后将各层筛及底盒中的分离物分别倒在净度分析台上进行分析鉴定，区分出净种子、其他植物种子、杂质，并分别放入小碟内。

以同样的方法筛理分析第二份（半）试样。

5. 各种分出成分称重

将每份（半）试样的净种子、其他植物种子、杂质分别称重，称量的精确度与试样称重要求相同。其中，其他植物种子还应分种类计数。

6. 结果计算

1）检查分析各成分的重量之和与试样原重量之差是否超过试样原重的 5%。

不管是 1 份试样还是 2 份半试样，应将分析后的各种成分重量之和与（半）试样原始重量比较。若增失量超过原始重量的 5%，则必须重新进行分析，填报重做的结果。

2）计算（半）试样中净种子的百分率（P_1）、其他植物种子的百分率（OS_1）及杂质的百分率（I_1）。

P_1＝（净种子重量÷各成分重量之和）×100%

OS_1＝（其他植物种子重量÷各成分重量之和）×100%

I_1 ＝（杂质重量÷各成分重量之和）×100%

注：若为试样，各种组分的百分率应计算到1位小数，若为半试样，则各种组分的百分率计算到2位小数。

3）核对容许差距。求出2份（半）试样间3种成分的各平均百分率及重复间相应百分率差值，并核对容许差距，见表29-2，若（半）试样间3种成分的重量百分率都在容许范围之内，则计算各成分的平均值。

表29-2 种子净度分析不同测定之间容许差距

两次分析结果平均种子净度百分率/%		不同测定之间容许差距/%			
50以上	50以下	半试样		试样	
		无稃壳种子	有稃壳种子	无稃壳种子	有稃壳种子
99.95～100.00	0.00～0.04	0.20	0.23	0.1	0.2
99.90～99.94	0.05～0.09	0.33	0.34	0.2	0.2
99.85～99.89	0.10～0.14	0.40	0.42	0.3	0.3
99.81～99.84	0.15～0.19	0.47	0.49	0.3	0.4
99.75～99.79	0.20～0.24	0.51	0.55	0.4	0.4
99.70～99.74	0.25～0.29	0.55	0.59	0.4	0.4
99.65～99.69	0.30～0.34	0.61	0.65	0.4	0.5
99.60～99.64	0.35～0.39	0.65	0.69	0.5	0.5
99.55～99.59	0.40～0.44	0.68	0.74	0.5	0.5
99.50～99.54	0.45～0.49	0.72	0.76	0.5	0.5
99.40～99.49	0.50～0.59	0.76	0.80	0.5	0.6
99.30～99.39	0.60～0.69	0.83	0.89	0.6	0.6
99.20～99.29	0.70～0.79	0.89	0.95	0.6	0.7
99.10～99.19	0.80～0.89	0.95	1.00	0.7	0.7
99.00～99.09	0.90～0.99	1.00	1.06	0.7	0.8
98.75～98.99	1.00～1.24	1.07	1.15	0.8	0.8
98.50～98.74	1.25～1.49	1.19	1.26	0.8	0.9
98.25～98.49	1.50～1.74	1.29	1.37	0.9	1.0
98.00～98.24	1.75～1.99	1.37	1.47	1.0	1.0
97.75～97.99	2.00～2.24	1.44	1.54	1.0	1.1
97.50～97.74	2.25～2.49	1.53	1.63	1.1	1.2
97.25～97.49	2.50～2.74	1.60	1.70	1.1	1.2
97.00～97.24	2.75～2.99	1.67	1.78	1.2	1.3
96.50～96.99	3.00～3.49	1.77	1.88	1.3	1.3

续表

两次分析结果平均种子净度百分率/%		不同测定之间容许差距/%			
50 以上	50 以下	半试样		试样	
		无稃壳种子	有稃壳种子	无稃壳种子	有稃壳种子
96.00～96.49	3.50～3.99	1.88	1.99	1.3	1.4
95.50～95.99	4.00～4.49	1.99	2.12	1.4	1.5
95.00～95.49	4.50～4.99	2.09	2.22	1.5	1.6
94.00～94.99	5.00～5.99	2.25	2.38	1.6	1.7
93.00～93.99	6.00～6.99	2.43	2.56	1.7	1.8
92.00～92.99	7.00～7.99	2.59	2.73	1.8	1.9
91.00～91.99	8.00～8.99	2.74	2.90	1.9	2.1
90.00～90.99	9.00～9.99	2.88	3.04	2.0	2.2
88.00～89.99	10.00～11.99	3.08	3.25	2.2	2.3
86.00～87.99	12.00～13.99	3.31	3.49	2.3	2.5
84.00～85.99	14.00～15.99	3.52	3.71	2.5	2.6
82.00～83.99	16.00～17.99	3.69	3.90	2.6	2.8
80.00～81.99	18.00～19.99	3.86	4.07	2.7	2.9
78.00～79.99	20.00～21.99	4.00	4.23	2.8	3.0
76.00～77.99	22.00～23.99	4.14	4.37	2.9	3.1
74.00～75.99	24.00～25.99	4.26	4.50	3.0	3.2
72.00～73.99	26.00～27.99	4.37	4.61	3.1	3.3
70.00～71.99	28.00～29.99	4.47	4.71	3.2	3.3
65.00～69.99	30.00～34.99	4.61	4.86	3.3	3.4
60.00～64.99	35.00～39.99	4.77	5.02	3.4	3.6
50.00～59.99	40.00～49.99	4.89	5.16	3.5	3.7

注：本表列出的容许差距适用于同一实验室来自相同送验样品的净度分析结果重复间的比较，适用于各种成分。使用时先按两次分析结果的平均值从列 1 或列 2 中找到对应的行，再根据有无稃壳类型和半试样或试样，从列 3～6 中查出其相应的容许差距

4）含重型混杂物的结果计算。

净种子重量百分率：$P_2 = P_1 \times \frac{M-m}{M}$

其他植物种子重量百分率：$OS_2 = OS_1 \times \frac{M-m}{M} + \frac{m_1}{M} \times 100\%$

杂质重量百分率：$I_2 = I_1 \times \dfrac{M-m}{M} + \dfrac{m_2}{M} \times 100\%$

式中：M——送验样品的重量（g）；

m——重型混杂物的重量（g）；

m_1——重型混杂物中的其他植物种子重量（g）；

m_2——重型混杂物中杂质的重量（g）；

P_1——除去重型混杂物后的净种子重量百分率（%）；

OS_1——除去重型混杂物后的其他植物种子重量百分率（%）；

I_1——除去重型混杂物后的杂质重量百分率（%）。

5）百分率的修约：若得到的百分率取两位小数，则应按“四舍六入五留双”的规则保留 1 位。各成分的百分率相加应为 100.0%，如为 99.9%或 100.1%，则在最大的百分率上加上或减去不足或超过之数。如果此修约值大于 0.1%，则应该检查计算上有无差错。

7. 其他植物种子数目的测定

1）将取出（半）试样后剩余的送验样品按要求取出相应的数量或全部倒在净度分析台或平整光滑的实验台桌上或样品盘内，逐粒进行观察，找出所有的其他植物种子或指定种的种子并数出每个种的种子数，再加上（半）试样中相应的种子数。

2）结果计算。可直接用检出的种子粒数来表示，也可折算为每单位试样重量（通常用每千克）内所含种子数来表示。

8. 填写净度分析的结果报告单

净度分析的最后结果精确到 1 位小数，如果某种成分的百分率低于 0.05%，则填为微量，如果某种成分结果为零，则须填报“-0.0-”。种子净度分析记载表见表 29-3。

最后注意完成种子净度分析后，应将净种子留下供其他项目检验利用。

表 29-3　种子净度分析记载表

<table>
<tr><td>样品编号</td><td></td><td colspan="2">作物名称</td><td></td><td colspan="4">品种（组合）名称</td><td></td></tr>
<tr><td rowspan="2">送验样品重/g</td><td rowspan="2"></td><td colspan="2" rowspan="2">重型混杂物重/g</td><td rowspan="2"></td><td colspan="4">重型混杂物中其他植物种子重/g</td><td></td></tr>
<tr><td colspan="4">重型混杂物中杂质重/g</td><td></td></tr>
<tr><td rowspan="2">类别</td><td rowspan="2">重复</td><td rowspan="2">试样重/g</td><td colspan="2">净种子</td><td colspan="2">其他植物种子</td><td colspan="2">杂质</td><td rowspan="2">各成分重量之和</td></tr>
<tr><td>重量/g</td><td>百分数/%</td><td>重量/g</td><td>百分数/%</td><td>重量/g</td><td>百分数/%</td></tr>
<tr><td>全试样</td><td></td><td></td><td></td><td></td><td></td><td></td><td></td><td></td><td></td></tr>
</table>

续表

半试样	1								
	2								
	平均								
	实际差/%								
	容许差距/%								
其他植物种子名称及个数									
杂质种类									
净度分析结果	净种子/%		其他植物种子/%				杂质/%		
检测依据									
说明：试样或半试样只需选择其中一种方法进行检测									

五、注意事项

准确称量各份净种子、其他植物种子和杂质，尤其是轻杂质，防止轻杂质丢失影响结果。

实验三十　种子标准发芽试验

一、基本原理

种子发芽率是关于种子质量的必检指标之一。种子发芽试验对种子经营和农业生产具有极为重要的意义。收购种子时做好发芽试验，有助于正确地进行种子分级和定价。种子贮藏期间做好发芽试验，可帮助工作人员掌握种子贮藏期间发芽率的变化情况，方便及时改进贮藏条件，确保种子安全贮藏。调种前做好发芽试验，可防止盲目调运发芽率低的种子，节约人力和财力。播种前做好发芽试验，可以帮助工作人员选用发芽率高的种子播种，保证齐苗、壮苗和密度，防止浪费种子，确保播种成功。此外，种子发芽率也是计算种子用价的重要指标，做好发芽试验，以便于正确计算种子用价和实际的播用种量。种子发芽需要足够的水分、适宜的温度和充足的氧气。在实验室内，应根据作物种子种类选择合适的发芽床、适宜的发芽温度及光照，保持发芽床适宜的水分，以获得准确、可靠的种子发芽试验结果。本实验介绍室内种子标准发芽方法。

二、目的要求

掌握主要农作物种子的发芽条件，掌握标准发芽试验的操作技术。

三、材料和设备

1. 材料

水稻、小麦、大麦、玉米、油菜、大豆等作物种子。

2. 器具

种子发芽室或发芽箱、发芽纸、滤纸或吸水纸、石英砂、河砂、砂纸、标签纸、数种仪（板）等。

四、方法与步骤

1. 发芽床的选用和制备

一般大粒种子（如玉米、大豆等）用砂床（0.05～0.8 mm 细砂），中粒种子（如水稻、小麦、大麦等）用砂床或纸床，小粒种子（如油菜、芝麻等）用纸床，具体可参考表 30-1。

表 30-1　主要农作物种子发芽技术规定

种（变种名）	发芽床	温度/℃	初次计数天数	末次计数天数	附加说明，包括破除休眠的建议
水稻	TP；BP；S	20～30；25	5	14	预先加热（50℃），在水中或 HNO_3 溶液中浸 24 h
小麦	TP；BP；S	20	4	8	预先加热（30～35℃）；预先冷冻；添加赤霉素（GA_3）
大麦	BP；S	20	4	7	预先加热（30～35℃）；预先冷冻；添加 GA_3
玉米	BP；S	20～30；25；20	4	7	
油菜	TP	15～25；20	5	7	预先冷冻
大豆	BP；S	20～30；25	5	8	
棉花	BP；S	20～30；25	4	12	
花生	BP；S	20～30；25	5	10	去壳；预先加温（40℃）

注：TP. 纸上；BP. 纸间；S. 砂中；温度列中分号前表示变温发芽的温度，分号后表示恒温发芽的最适温度

砂床：将砂（石英砂或河砂）进行筛理（过 0.05～0.8 mm 孔径的土壤筛）、

洗涤和高温消毒（160℃，2 h 或 120℃，4 h）。

纸床：选用发芽纸、滤纸或吸水纸等，应具有一定的强度，吸水性好、保水性好，无毒无菌，清洁干净，pH 一般为 6.0～7.5。

2. 试样的数取

从经充分混合的净种子中，用数种设备或手工随机数取 400 粒。通常以 100 粒为一次重复，大粒种子或带有病原菌的种子，可以再分为 50 粒，甚至以 25 粒为一次重复。

3. 置床

置床的要求是种子试样均匀分布在发芽床上，每粒种子之间留有种子直径 5 倍以上的间距，以防止发霉种子的互相感染和保持足够的生长空间，并且保证每粒种子良好地接触水分，使发芽一致。用砂床时应将种子轻轻压入砂中，种子与砂相平，然后加盖。

4. 贴（写）标签

将发芽盒或发芽皿的侧面贴上标签，注明品种名称、重复次数、处理温度、置床日期、测定人姓名等，并登记在发芽试验记载表上。

5. 入箱培养

可根据农作物种子的发芽技术规定选择恒温或变温处理，以后每日检查温度和水分。水分不足时要及时补充，并保持发芽箱内温度和水分与要求一致。

6. 检查管理

在发芽试验期间，需要每天检查发芽箱内温度和发芽床的水分。具体要求是：温度保持在规定温度±1℃；水分应遵循一致性原则，若水分不足时，应用滴管或移液器适量补水，若种粒四周出现水膜，则表示水分过多。同时，注意通气和种子发霉情况。发芽床上如有种子表面生霉，可取出用清水洗涤后再放回发芽床上；如已经霉烂，则应从发芽床上取出并登记。如霉烂种子达 5%以上，应更换发芽床或进行种子消毒后重新试验。

7. 幼苗鉴定与记载

不同作物记载时间参照表 30-1。每株幼苗按照幼苗鉴定标准进行鉴定，鉴定要在幼苗主要构造发育到一定时期时进行。在发芽试验期间，按计算发芽势（初次计数）、发芽率（末次计数）的规定日期各记载一次。到达初次计数天数时，计数正常幼苗，并将发育良好的正常幼苗从发芽床中拣出；对可疑的或损伤、畸形或不均衡的幼苗，通常到末次计数。严重腐烂的幼苗应从发芽床中除去，并随时增加计数。末次计数时，按正常幼苗、不正常幼苗、新鲜不发芽种子或硬实和死种子分别计数和记载。

如果样品在规定时间内只有几粒种子开始发芽，则试验时间可延长 7 d，或延长规定时间的一半。根据试验情况，可增加计数的次数；反之，如果在规定时间结束前，样品已达最高发芽率，则该试验可提前结束。

8. 结果计算

根据试验记录分别计算正常幼苗、不正常幼苗、新鲜不发芽种子或硬实和死种子百分率。如果一个试验的 4 次重复的正常幼苗百分率在最大容许差距范围内（表 30-2），则其平均值表示试验样品的发芽率。其余成分的百分率按 4 次重复的平均数计算。

表 30-2　同一发芽试验 4 次重复间的最大容许差距（2.5%显著水平的两尾测定）

平均发芽率/%		最大容许差距/%
50 以上	50 以下	
99	2	5
98	3	6
97	4	7
96	5	8
95	6	9
93～94	7～8	10
91～92	9～10	11
89～90	11～12	12
87～88	13～14	13
84～86	15～17	14
81～83	18～20	15
78～80	21～23	16
73～77	24～28	17
67～72	29～34	18
56～66	35～45	19
51～55	46～50	20

注：本表指明重复之间容许的发芽率最大范围（即最高与最低值之间的差异），允许有 0.025 概率的随机取样偏差。欲找出最大容许范围，需先求出 4 次重复的平均百分率至最接近的整数，如有必要可以将发芽箱中靠近放置培养的 50 粒或 25 粒的几个副重复合并成 100 粒的重复。从列 1 或列 2 中找到平均值的对应行，即可从列 3 的对应处读出最大容许范围

最后，完成记录种子标准发芽试验记载表，参见表 30-3。

表 30-3　种子标准发芽试验记载表

<table>
<tr><td>样品登记号</td><td colspan="3"></td><td colspan="3">作物名称</td><td colspan="3"></td><td colspan="4">品种（组合）名称</td><td></td></tr>
<tr><td>检测依据</td><td colspan="14"></td></tr>
<tr><td rowspan="2">重复
日期</td><td colspan="3">Ⅰ</td><td colspan="3">Ⅱ</td><td colspan="3">Ⅲ</td><td colspan="3">Ⅳ</td><td rowspan="5">结果/%</td><td rowspan="10">发芽床________
温度________℃
置床日期________
持续时间____d
发芽前处理方法
____
容许误差________
实际误差________
不正常幼苗种类
____
____
____
________________</td></tr>
<tr><td>正</td><td>不</td><td>死</td><td>正</td><td>不</td><td>死</td><td>正</td><td>不</td><td>死</td><td>正</td><td>不</td><td>死</td></tr>
<tr><td></td><td></td><td></td><td></td><td></td><td></td><td></td><td></td><td></td><td></td><td></td><td></td><td></td></tr>
<tr><td></td><td></td><td></td><td></td><td></td><td></td><td></td><td></td><td></td><td></td><td></td><td></td><td></td></tr>
<tr><td></td><td></td><td></td><td></td><td></td><td></td><td></td><td></td><td></td><td></td><td></td><td></td><td></td></tr>
<tr><td>正常幼苗</td><td colspan="3"></td><td colspan="3"></td><td colspan="3"></td><td colspan="3"></td><td></td></tr>
<tr><td>新鲜不发芽种子</td><td colspan="3"></td><td colspan="3"></td><td colspan="3"></td><td colspan="3"></td><td></td></tr>
<tr><td>硬实</td><td colspan="3"></td><td colspan="3"></td><td colspan="3"></td><td colspan="3"></td><td></td></tr>
<tr><td>不正常幼苗</td><td colspan="3"></td><td colspan="3"></td><td colspan="3"></td><td colspan="3"></td><td></td></tr>
<tr><td>死种子</td><td colspan="3"></td><td colspan="3"></td><td colspan="3"></td><td colspan="3"></td><td></td></tr>
</table>

检验员：　　日期：　　校核人：　　日期：　　审核人：　　日期：

五、注意事项

1. 怀疑种子有休眠（即有较多的新鲜不发芽种子）时，可采用破除休眠的方法进行试验，将得到的最佳结果填报，应注明所用的方法。

2. 真菌或细菌的蔓延使试验结果不一定可靠时，可采用砂床或土壤进行试验。如有必要，应增加种子之间的距离。

3. 当发现试验条件、幼苗鉴定或计数有差错时，以及当正确鉴定幼苗数有困难时，应采用同样的方法进行重新试验。

4. 当 100 粒种子重复间的差距超过最大容许差距时，应采用同样的方法进行重新试验。

实验三十一　种子快速发芽试验

一、基本原理

种子快速发芽试验是在短于标准发芽试验的时间内正确测定种子发芽率的方法。其原理主要是给予种子适当的高温、高湿，加速种子吸胀，加快种子内部生理生化的进程，或除去阻碍种子发芽的因素，加速种子萌发，从而缩短发芽时间。

二、目的要求

掌握农作物种子快速发芽的条件、操作技术。

三、材料和设备

1. 材料

水稻、小麦、棉花、玉米、大豆等作物种子。

2. 器具

种子发芽室或发芽箱、发芽床、砂床、消毒砂、湿纱布、标签纸、出糙机、刀片、烧杯、玻璃棒等。

3. 试剂

浓 H_2SO_4 等。

四、方法与步骤

1. 禾谷类、豆类高温盖沙法

1）取净种子 4 份，禾谷类每份 100 粒，豆类 50 粒，放入 30℃温水中浸泡 3～4 h（玉米 6 h），水面一般高于种子 1～2 cm。

2）将消毒过的砂加水拌匀后在发芽盒内铺平，厚度为 2～3 cm。

3）将浸过的种子排在砂床上，种子分布要均匀，各粒种子之间保留一定距离。禾谷类种子，排种时需将种胚朝上，排好后轻压种子，使其与砂面相平，种子上盖湿纱布，纱布上盖 0.5～1 cm 厚的湿砂，稍加镇压加盖。

4）粘贴标签，将发芽盒放在适当的高温处发芽，具体温度因作物而异。玉米为 35～37℃，花生为 30℃，麦类和豆类为 25～28℃。经 2 d，撤去覆盖的纱布和砂，检查种子发芽情况并计算发芽率。

2. 水稻去稃壳处理法

1）用出糙机或手将水稻种子稃壳脱去，或用刀片把靠近胚部的稃壳削去一部分。

2）取完整米粒 400 粒，分成 4 份，于 30℃水中浸 3～4 h（或在室温下 12 h）。

3）取出米粒，将其置于水分适宜的发芽床上，种子之间保持一定距离；贴上标签，放入 30℃的发芽箱内发芽。

4）培养期间发芽床保持湿润，注意通气和发霉情况。

5）籼稻经 2 d，粳稻经 3～4 d 可计算发芽率。

3. 棉花硫酸脱绒切割法

1）取棉花净种子 400 粒置于烧杯中，加入适量浓 H_2SO_4，立即用玻璃棒搅拌，待棉籽上的短绒脱去后，迅速用流水冲洗多次至无酸性为止。

2）在胚根相对的一端（合点一侧），将脱绒后的棉籽切去 1/4 或划一小口。

3）在发芽盒内铺 2～3 cm 厚的用水拌匀的砂。

4）将种子切口向下平摆在砂床上，盖一层湿纱布，再盖上厚度为 0.5～2 cm 的湿砂，再贴上标签，于 35℃的发芽箱内发芽。

5）经 2 d 揭去纱布和砂，计算种子发芽率。

五、注意事项

1. 怀疑种子有休眠（即有较多的新鲜不发芽种子），可采用破除休眠的方法进行试验，将得到的最佳结果填报，应注明所用的方法，具体可参考实验三十。

2. 当 100 粒种子重复间的差距超过最大容许差距时，具体参考实验三十，应采用同样的方法进行重新试验。

实验三十二　种子含水量标准法测定

一、基本原理

种子含水量是种子质量评定的重要指标之一，正确测定种子含水量对保证种子质量和安全贮藏具有重要作用。在《国际种子检验规程》中，测定种子水分的标准方法是烘干减重法，主要包括低温烘干法、高温烘干法和高水分种子预先烘干法。电烘箱通电后，箱内空气温度不断升高，相对湿度不断降低，种子样品的温度也随之升高，其内水分受热汽化。由于样品内部蒸汽压大于箱内干燥空气的气压，种子内水分向外扩散到空气中而蒸发。在加热条件下，种子中的水分不断汽化扩散到样品外部。经过一段时间，样品内的自由水和部分束缚水便被烘干，根据减重法即可求得种子含水量。

二、目的要求

掌握低温烘干法、高温烘干法和高水分种子预先烘干法的主要操作步骤。

三、材料和设备

1. 材料

水稻、棉花、大豆、小麦、玉米、花生等作物种子。

2. 器具

电烘箱、天平、粉碎机、样品盒、金属丝网筛等。

四、方法与步骤

（一）低温烘干法

低温烘干法即（103±2）℃、8 h 一次烘干法。此法主要适用于花生、大豆等种子水分的测定。

1. 预热

把电烘箱的温度调节到 110～115℃进行预热，然后让其保持在（103±2）℃；再将样品盒置于（103±2）℃电烘箱中预热 1 h 左右，记下盒号并称重。

2. 样品处理

首先，从混匀样品中取试样 15～25 g，除去杂质，进行磨碎处理。禾谷类种子的磨碎物至少 50%能通过 0.5 mm 的金属丝网筛，而留在 1.0 mm 金属丝网筛上的不超过 10%；豆类种子需要粗磨，至少有 50%的磨碎成分能通过 4.0 mm 筛孔；小粒种子可不进行磨碎，直接烘干。

3. 称取样品

称取试样 2 份（置于预先烘干的样品盒内），每份重 4.5～5.0 g，并加盖。

4. 烘干

打开样品盒盖放于盒底，迅速放入电烘箱内（样品盒距温度计水银球 2～2.5 cm），待 5～10 min 内温度回升到（103±2）℃时，开始计时；烘干 8 h 后，打开箱门，戴好手套迅速盖上盒盖，置于干燥器内冷却，经 30～45 min，取出称重，记录。

5. 结果计算

$$种子水分=\frac{样品烘干前重量-样品烘干后重量}{样品烘干前重量}\times 100\%$$

两份试样结果容许误差不超过0.2%，其结果用两次测定值的算术平均数表示，若两份试样结果差距超过 0.2%，则重做两次测定。以下实验同理。

（二）高温烘干法

高温烘干法即 130～133℃、1 h 烘干法，此法适合于大麦、水稻、小麦、高粱、玉米等粉质种子的水分测定。

1）把电烘箱温度调节到 140～145℃预热。

2）预先烘干样品盒、冷却、称重（M_1），并记下盒号。

3）从送验样品中取 15～25 g 种子，水稻、小麦、玉米进行磨碎（细度为至少 50%通过 0.5 mm 筛孔的金属丝网筛，而留在 1.0 mm 筛子上不超过 10%），大豆粗磨，棉花和花生种子磨碎或切成薄片。

4）称取试样 2 份，每份 4.5～5.0 g，放入样品盒，称重（M_2）。

5）将样品盒放入电烘箱内，在 5～10 min 内，当温度回升到 130～133℃时，开始计算时间。

6）在 130～133℃下烘 1 h，打开箱门，盖好盒盖，放入干燥器内冷却 30～45 min 后再称重（M_3）。

7）结果计算。

$$种子水分=\frac{M_2-M_3}{M_2-M_1}\times 100\%$$

式中：M_1——样品盒和盖的重量（g）；

M_2——样品盒和盖及样品的烘前重量（g）；

M_3——样品盒和盖及样品的烘后重量（g）。

（三）高水分种子预先烘干法

此法主要适用于玉米、小麦、水稻、花生等含水量高（禾谷类种子水分超过 18%，豆类和油料作物种子水分超过 16%）且需磨碎的种子。含水量高的种子在磨碎过程中容易丧失水分，并且难以达到规定的细度。因此，需采用预先烘干法。

1）称取含水量高的整粒种子（25.00±0.02）g。

2）将整粒种子样品置于直径为 8～10 cm 样品盒内。

3）将样品置于电烘箱［（103±2）℃］内预烘 30 min。

4）戴手套取出后，室内冷却，称重，算出第一次烘失的水分 S_1。

5）将预烘的种子磨碎，称取试样两份，每份 4.5～5.0 g。

6）用低恒温烘干法或高温烘干法烘干，冷却，称重，算出第二次烘失的水分 S_2。

7）计算出总的种子水分。

$$种子水分=S_1+S_2-\frac{S_1\times S_2}{100}$$

式中：S_1——第一次整粒种子烘后失去的水分（%）；

S_2——第二次磨碎种子烘后失去的水分（%）。

五、注意事项

高温烘干时应控制好烘干的时间和温度，时间过长或温度过高，结果都偏低。

实验三十三　种子含水量速测法

一、基本原理

种子含水量（水分）快速测定主要采用电阻式水分测定仪、电容式水分测定仪、红外水分测定仪和微波式水分测定仪等电子仪器。其中，最常用的是电阻式和电容式水分测定仪。电阻式水分测定仪是将种子作为一个电阻，根据欧姆定律（$I=U/R$），当电压一定时，电流强度与电阻成反比。也就是说，当种子含水量高时，溶解的物质增多，电流变大，电阻变小；反之，当种子含水量低时，电阻变大。但种子水分与电流并非呈直线关系（而是呈倒数函数关系），所以电流表上的刻度不是均等的刻度。当种子含水量太低时，相当于断路；当种子含水量太高时，相当于短路。因此，种子含水量测定范围一般为8%～20%。

电容式水分测定仪是将种子作为电容的一个组成部分，当样品量一定时（两极板对应面积 S 一定），两极板距离一定时（d 为常数），电容量的变化只与介电常数（ε）变化有关（空气的介电常数为1；种子中的干物质为10、水分为81）。因此，种子内水分的变化，就会引起介电常数的变化，从而引起电容的变化，测得电容的大小就可间接测得种子水分。

二、目的要求

掌握常用电阻式、电容式水分测定仪的主要操作步骤。

三、材料和设备

1. 材料

水稻、棉花、大豆、小麦、玉米、花生等作物种子。

2. 器具

电阻式水分测定仪、电容式水分测定仪等。

四、方法与步骤

（一）电阻式水分测定仪（TL-4 钳式智能水分测定仪）

目前，市场上电阻式水分测定仪有多种型号，但其构造原理与测定方法基本相同，如青州无线电厂产的 TL-4 型钳式智能水分测定仪、武汉无线电厂产的 KLS-1 型粮食水分测定仪、日本 Kett L 型数字显示谷物水分仪等。其中 TL-4 型钳式智能水分测定仪的水分含量测量范围为 7%～25%，测量误差不大于 0.5%。

1. 安装

测量传感器的插头安装在仪器上，且传感器应处在空载状态。

2. 开机

按“电源”键开机，这时微电脑处理器将对测量传感器、仪器本身及环境温度进行自动检测与补偿，显示器将显示 3 s 的环境温度值，当检测正常时，仪器最终显示“00.0%水分”，此时可进行水分测量。

3. 品种的选择

长按“功能”键 3 s，听到一声“嘀”响后，方可进行品种选择，每按一次该键选择一种测量品种，当品种选定后不要再按“功能”键，2 s 后，微电脑处理器将长久记忆，且不受仪器开关机的影响。

4. 测量

测量时将钳柄夹紧，使钳柄的定位钳相接触，此时显示屏显示的数据即为被测粮食的水分值，这个水分值包括温度补偿在内。

当被测品种水分值超过 25%时，仪器将显示闪烁的“99.9”报警字符。

5. 关机

测量完毕后，长按“电源”键 3 s，听到“嘀”的一声响后仪器关机；如果 20 min 内不测量，仪器则自动关机，从而延长电池的使用寿命。

6. 校准

样品电阻大小，还受待测样品温度的影响。当水分一定时，温度高，电离度增加，电阻降低，测定值偏高。相反，则测定值偏低。因此，在不同温度条件下测定种子水分，还需进行温度校正。

一般仪器以 20℃为标准，高于或低于 20℃需进行校正。高于 20℃每高 1℃，应减去水分 0.1%；低于 20℃每低 1℃，应加上水分 0.1%。

实际水分（%）＝读数值－0.1×（种子温度－20℃）

误差：TL-4 型重复间容许误差为 0.5%（标准法为 0.2%）。

（二）电容式水分测定仪（PM-8188NEW型电容式水分测定仪）

1. 接通电源

按下开关键。屏幕会显示本机仪器型号，等待3 s（图33-1）。

2. 选择品种

测定样品代码，按“选择”键选择，每按一次，品种编号将增加一个，品种编号12以后会回到1。

3. 盛样

将自动料斗底部盖子扣好，从主机上取下，将样品缓慢均匀地投入自动料斗，直至样品溢出杯体，然后水平移开料斗，刮去多余样品，使其为平满一杯。

4. 测量

将自动料斗杯体安装在仪器上，使定位槽切口向前，仪器内置电子天平，正确安装台座，不要触碰仪器上部环盖部位，以免影响测定值，按“测定”键进行测量（小数点闪烁显示）。

图33-1　PM-8188New型电容式水分测定仪外形

当“POUR”开始闪烁后，按下自动料斗按钮，自动料杯底部阀门会自动打开，物料瞬间倾入仪器内。“POUR”消失，小数点闪烁4次后，仪器屏幕会显示水分值和测定次数。

注意：水分值超出测定范围时，比测定范围高会显示“FFF”；比测定范围低时会显示“AAA”。

5. 倒掉样品

将自动料斗的闸门向前拉到关闭，把底部恢复到原状，从测定仪上卸下自动料斗和台座。然后倒出样品，此时水分值保持不变，继续测定，从步骤3开始。

6. 平均值的显示

测定次数在2～9次时，按下“平均”键后，仪器会显示测定次数和平均值，再按“平均”键，下一次测定水分时显示次数将从1开始。

五、注意事项

1. 对新购进或长期不用的仪器，使用前必须与标准法进行校正。电容式水分测定仪需校正基数（基数不为0），准备高、中、低3个水平的标准水分进行仪器标定。

2. 由于不同作物种子的化学组成不同，操作前应先选择所测作物的特定表盘或选择旋钮。测定时样品不得过多或过少。

3. 有些电阻式水分测定仪已设定自动校正，如日本的Kett L型数字显示谷物水分仪，已用热敏补偿方法来解决，不需校正。电容量也受温度的影响，电容式水分测定仪一般有热敏电阻补偿，所以测定值不必校正。

4. 当种子水分在一定范围时，表现为线性关系，如洋葱种子水分在 6%～10% 时，电容量与种子水分呈线性关系，测定结果比较准确；但在 2%～6%或 10%～14%时，并非呈线性关系，这时测定准确性较差。

实验三十四　种子生活力的测定

一、基本原理

凡有生命活力的种子胚部，在呼吸作用过程中都有氧化还原反应。在四唑溶液指示剂作用下，呼吸代谢途径中产生的氢可以将无色的四唑溶液［氯化三苯基四氮唑（TTC）］还原为红色、不溶性三苯基甲（臜）（triphenyl formazan）。种子的生活力越强，被染成红色的程度越深；反之，生活力衰退或部分丧失生活力，则染色较浅或局部被染色。因此，可以根据种胚染色的部位及染色的深浅程度来判定种子的生活力。

凡活细胞必有呼吸作用，吸收空气中的 O_2 放出 CO_2。CO_2 溶于水成为 H_2CO_3，H_2CO_3 解离成 H^+和 HCO_3^-，使得种胚周围环境的酸度增加，可用溴麝香草酚蓝（BTB）来测定酸度的改变。BTB 的变色范围为 pH 6.0～7.6，酸性呈黄色，碱性呈蓝色，中间经过为绿色（变色点为 pH 7.1）。色泽差异显著，易于观察。

有生活力的种子，其胚细胞的原生质具有半透性，有选择吸收外界物质的能力，某些染料如红墨水不能进入细胞内，胚部不着色。而丧失生活力的种子，其胚部细胞原生质膜丧失了选择吸收的能力，染料进入细胞内使胚部染色。因此，可根据种子胚部是否染色来判断种子的生活力。

二、目的要求

掌握四唑染色法、溴麝香草酚蓝法（BTB 法）、红墨水染色法快速测定种子生活力的操作技术。

三、材料和设备

1. 材料

玉米、小麦等种子。

2. 器具

天平、培养皿、刀片、烧杯、滤纸等。

3. 试剂

95%乙醇、TTC、BTB、琼脂、红墨水等。

四、方法与步骤

（一）四唑染色法

1. 试剂配制

0.5% TTC 溶液：称取 0.5 g TTC 放在烧杯中，加入少许 95%乙醇使其溶解，然后用蒸馏水稀释至 100 mL。溶液避光保存，若变红色，即不能再用。

2. 浸种

将待测种子用温水（30℃）浸泡 2～6 h，使种子充分吸胀，增强种胚的呼吸作用。

3. 显色

随机取种子 2 份，每份 50 粒，用刀片沿种胚中央准确切开，各取半粒放入小培养皿或小烧杯中，倒入 0.5% TTC 溶液淹没种子，35℃染色 0.5～1 h；然后倒出药液，用自来水冲洗种子 2 或 3 次，观察结果。

将另一半在沸水中煮 5 min 杀死胚，做同样的染色处理，作为对照观察。

4. 计算生活力

统计每个重复中有活力的种子数，计算其平均值。

（二）溴麝香草酚蓝法

1. 试剂配制

0.1% BTB 溶液：称取 0.1 g BTB，溶解于煮沸过的自来水中，然后用滤纸滤去残渣。滤液若呈黄色，可加数滴稀氨水，使之变为蓝色或蓝绿色。此液贮于棕色瓶中可长期保存。

2. 浸种

同上述 TTC 法。

3. BTB 琼脂凝胶的制备

取 0.1% BTB 溶液 100 mL 置于烧杯中，将 1 g 琼脂剪碎后加入，用小火加热并不断搅拌。待琼脂完全溶解后，趁热倒在 4 个培养皿中，使成一均匀的薄层，冷却后备用。

4. 显色

取吸胀的种子 200 粒，整齐地埋于准备好的琼脂凝胶培养皿中，种子胚朝下平放，间隔距离至少 1 cm。然后将培养皿置于 30～35℃下培养 1～2 h，在蓝色背景下观察，如种胚附近呈现较深黄色晕圈，则是活种子，否则是死种子。

5. 计算生活力

统计每个重复中有活力的种子数，计算其平均值。

（三）红墨水染色法

1. 浸种

同上述 TTC 法。

2. 染色

随机取种子 2 份，每份 100 粒，用刀片沿胚的中线切为两半，将一半置于培养皿中，倒入 5%红墨水淹没种子，染色 10～15 min（温度高时染色时间可短些）。

3. 观察

倒出染液，用自来水冲洗种子多次，至冲洗液无色为止。检查种子死活（种胚不着色或着色很浅的为活种子；反之，种胚与胚乳着色程度相同的为死种子）。

4. 计算生活力

统计每个重复中有活力的种子数，计算其平均值。

五、注意事项

1. 四唑盐类见光易还原，因此，染色时在黑暗或弱光下进行；已用过的四唑溶液不能循环使用。

2. 染色时间过长或染色温度过高，易致种子组织的劣变，影响对种子生活力的判断。

实验三十五　加速老化法测定种子活力

一、基本原理

种子在自然条件下老化较慢，而在高温高湿条件下能快速老化，种子活力迅速降低。高活力种子由于耐受高温高湿条件的能力强，劣变较慢，老化处理后其发芽能力虽明显降低，但比低活力种子高。加速老化法正是模拟了种子在高温高湿条件下贮藏一定时间后的发芽能力，来评判种子批的贮藏寿命或其田间活力状况，是《国际种子检验规程》中测定大豆种子活力的标准方法，同时也可作为玉米、小麦、大豆、菜豆、绿豆、油菜、高粱、烟草、苜蓿、番茄、莴苣、洋葱、三叶草、黑麦草、苇状羊茅、红花属等许多植物种子活力测定的建议方法。种子老化处理时间一般为 72 h，少数物种为 48 h（如黑麦草）或 96 h（如绿豆），老化温度在 40～45℃。

二、目的要求

了解种子加速老化法的基本原理，熟练掌握种子加速老化法的实验步骤。

三、材料和设备

1. 材料

大豆、玉米种子。

2. 器具

电烘箱、电子天平、老化箱、老化盒（内含网架）、发芽盒、发芽纸、滤纸等。

四、方法与步骤

1. 种子水分检查

如果所测种子水分未知，应采用标准法测定。对于水分低于 10%或高于 14%的种子样品，应在测定前将其水分调节至 10%～14%。

2. 样品准备

按表 35-1 中的规定称取至少 200 粒种子（大豆种子为 42 g），每 50 粒设置为 1 次重复，设 4 次重复，然后将种子均匀地平摊在老化盒的网架上。量取 40 mL 去离子水或蒸馏水放入发芽盒（12 cm×12 cm×6 cm）中，然后将放有种子的网架置于发芽盒内，保证每一发芽盒有盖（不要封口）。

表 35-1　种子老化的条件

种或属名	种子重量/g	老化温度/℃	老化时间/h	老化后种子水分/%
大豆	42	41	72	27～30
苜蓿	3.5	41	72	40～44
菜豆	42	41	72	28～30
油菜	1	41	72	39～44
普通玉米	40	45	72	26～29
甜玉米	24	41	72	31～35
莴苣	0.5	41	72	38～41
绿豆	40	45	96	27～32
洋葱	1	41	72	40～45
红花属	2	41	72	40～45

续表

种或属名	种子重量/g	老化温度/℃	老化时间/h	老化后种子水分/%
三叶草	1	41	72	39～44
黑麦草	1	41	48	36～38
高粱	15	43	72	28～30
苇状羊茅	1	41	72	47～53
烟草	0.2	43	72	40～50
番茄	1	41	72	44～46
小麦	20	41	72	28～30

3. 老化箱使用

打开老化箱电源，将温度设置为表 35-1 中规定的温度，湿度设置为 100%（如果达不到，湿度至少在 95%以上）。待温度和湿度恒定后，将以上准备好的老化盒放入老化箱的架子上。为使温度均匀一致，老化盒间大约相隔 2.5 cm。记录老化盒放入时间，开始老化处理，准确监控老化箱的温度，在表 35-1 中规定的范围和时间内，大豆种子需在（41±0.3）℃下保持 72 h。老化处理期间，不能打开老化箱的门，否则要重新试验。

4. 老化后种子水分的检查

老化处理后，从老化盒中取出一个小样品（10～20 粒），立即称重，用电烘箱法测定种子水分。如果种子水分低于或高于表 35-1 中所规定的值（大豆种子水分应为 27%～30%），需要重新试验。

5. 发芽试验

取出老化后的种子进行标准发芽试验，同时用 200 粒未进行老化处理的种子作对照，比较老化处理对种子活力的影响。具体步骤见实验三十。

6. 结果计算

分别计算 50 粒种子的发芽率，并求得 4 次重复的平均值。加速老化法并未提供一个绝对的活力范围，如果试验结果与未老化种子的发芽率差不多，则为高活力种子，若明显低于对照种子则为中、低活力种子。

五、注意事项

1. 老化前应检查种子的水分，使之在 10%～14%。
2. 老化过程中确保水面低于网架，防止水浸湿种子。

3. 保持老化箱内的湿度，加水量为加湿器水箱体积的 2/3 为宜，切忌断水。

4. 老化结束后还要检查种子水分是否符合要求。

实验三十六 电导率法测定种子活力

一、基本原理

种子因寿命或其他因素造成细胞膜的完整性逐渐下降，内含物易从细胞膜中游离出来。因此，膜系统的完整性往往与衰老、活力密切相关。种子吸胀初期，细胞膜重建和修复能力影响电解质（如氨基酸、有机酸、糖及其他离子）渗出程度。活力高的种子能够更加快速地修复细胞膜，电解质渗出物较少；而活力低的种子，其修复能力差，细胞膜完整性差，电解质渗出物较多。因此，高活力种子浸泡液的电导率较低，而低活力种子浸泡液的电导率较高。该方法是《国际种子检验规程》中测定豌豆种子活力的标准方法，目前还应用于大豆、菜豆、绿豆、棉花、玉米、番茄、洋葱等种子的活力测定。

二、目的要求

了解种子电导率测定的基本原理，熟练掌握种子电导率测定的实验步骤。

三、材料和设备

1. 材料

豌豆种子。

2. 器具

恒温培养箱、电烘箱、电子天平、电导仪、烧杯、标签纸、发芽箱、发芽室、保鲜薄膜或铝箔等。

3. 试剂

KCl、去离子水或蒸馏水。

四、方法与步骤

1. 试验前的准备

1）校正电极：电导仪的电极常数必须达到 1.0。开始使用电导仪之前或经常使用一段时间（2 周）后，应对其电极进行校正。标定液用 0.745 g 的 KCl（分析纯）溶解于去离子水中，配成 0.01 mol/L 的 KCl 溶液 1 L。

该溶液在 20℃下的电导率为 1273 μS/cm 或略高（因去离子水或蒸馏水本身的电导率的存在）。如果读数不准确，应调整或修理电导仪。

2）水的准备：最好使用去离子水，也可使用蒸馏水。但测定前使用的水必须进行电导率测定，20℃下去离子水的电导率不超过 2 μS/cm，蒸馏水电导率不超过 5 μS/cm，使用前水的温度应保持在（20±1）℃。

3）温度检查：检查发芽箱、培养箱、发芽室和水的温度，调整温度至（20±1）℃方能进行电导率的测定。

4）种子含水量检查：用于电导率测定种子的含水量应为 10%～14%，如果种子含水量高于 14%或是低于 10%，应在试验前进行水分调节，否则试验不能进行。如果事先不知道种子含水量，可采用标准法测定。

5）准备烧杯：为保证有适宜的水浸没种子和电极，选用 500 mL 的烧杯，使用前必须冲洗干净，并用去离子水或蒸馏水冲洗两次后倒入 250 mL 的去离子水或蒸馏水备用。在盛放种子前，先在（20±1）℃下平衡 24 h。

2. 准备试样

随机数取大小均匀无损的豌豆种子 4 份，各 50 粒，分别称重，精确至 0.01 g。

3. 浸种

将已称重的种子放入盛有 250 mL 去离子水或蒸馏水的烧杯中，贴好标签。轻轻摇晃烧杯，确保所有种子完全浸没，然后用保鲜薄膜或铝箔盖好，在（20±1）℃下放置 24 h。

4. 测定电导率

测定电导率前，电导仪需事先启动至少 15 min。24 h 浸种结束后，应立即测定水和种子浸泡液的电导率。盛有种子的烧杯应轻轻摇晃 10～15 s，移去保鲜薄膜或铝箔，将电极插入溶液中，此时一定小心不要将电极放在种子上。如果读数不稳定，可滤出种子后再测。测完一个试样重复后，用去离子水或蒸馏水冲洗电极 2 次，用滤纸吸干，再测定下一个试样重复。如果在测定期间发现硬实种子，测定结束后应将其除去，干燥表面后称重，并从 50 粒种子样品重量中减除。一批测定一般不超过 15 min。

5. 结果计算

根据以下公式计算每一重复单位重量的电导率。4 次重复间最大值和最小值的容许误差为每克 5 μS/cm，如果未超出，计算 4 次重复的平均值，如果超出，需重新试验。

$$\text{每克电导率（μS/cm）}=\frac{\text{样品值}-\text{对照值}}{\text{样品种子重量}}$$

根据电导率测定结果，对试验种子的活力水平进行评判，详见表 36-1。

表 36-1　豌豆种子电导率值的解释

每克电导率/（μS/cm）	结果解释
＜25	在不利条件下没有迹象表明种子不适合提前播种或适时播种
25～29	种子可提前播种，但在不利条件下可能有出苗率低的风险
30～43	不适合提前播种，特别是在不利的条件下
＞43	种子不能适时播种

五、注意事项

1. 浸泡种子必须用蒸馏水或无离子水，事先可用高敏度的电导仪检测所用水是否符合标准，温度和浸泡时间一定要严格掌控。

2. 种子试样必须是完整或无损的籽粒，大小均匀，数量相等。

3. 老化处理的种子含水量需为 10%～14%，因此种子样品需在恒温、恒湿条件下进行水分平衡处理，让种子含水量达到老化处理要求。

实验三十七　种子活力的氧传感测定

一、基本原理

1. 氧传感技术测定种子活力的理论基础

种子萌发是一个复杂的生理过程，其中氧的消耗是关键。氧之所以成为种子萌发的必要条件，这首先与种子萌发必须伴随旺盛的呼吸代谢有关。呼吸作用是种子本身的主要生理特性，凡是活的种子就会呼吸，即使处于非常干燥或休眠状态的种子，其呼吸作用也未停止。一旦呼吸停止，即意味着种子的死亡，种子的任何生命活动过程都与呼吸密切相关，因为呼吸提供了全部活动所需要的能量。在呼吸过程中，种子贮藏物质（主要是淀粉、蛋白质、脂肪）必须在有氧的条件下才能氧化分解，转化为合成代谢的中间物质和提供生理活动所需的能量。由此可见，呼吸作用是种子进行生命活动的主要标志和集中表现，呼吸作用的强弱直接关系到种子活力的高低。因此，检测种子萌发过程中的耗氧情况能更有效地反映种子的活力水平。氧传感技术（oxygen-sensing technology）可以快速测定密闭条件下种子萌发过程中的实时氧气浓度，据此获得相关活力指标。

2. 氧传感仪测定种子活力的工作原理

氧传感仪是荷兰 ASTEC Global 公司基于荧光猝灭原理开发的一款通过测定种子萌发过程中的氧气消耗来鉴定种子活力水平的设备。如图 37-1 所示，氧传感仪首先向密闭试管中释放蓝光，蓝光照到荧光物质上使其激发，并发出红光，而氧气分子可以带走红光能量（即猝灭效应），随着氧气压力的增加，荧光强度和荧光脉冲的生命周期均会降低，所以激发红光的时间和强度与氧气分子的浓度成反比。荷兰 ASTEC Global 公司使用的荧光染料为金属有机燃料，用荧光生命周期技术来测定荧光强度的衰减，通过光纤传感到计算机，从而测定氧气含量。计算公式为 $\tau=F$（[O_2]）$=F$（I/I_0），其中 I、I_0 分别为萌发开始后和萌发开始前样品的荧光强度，τ 为荧光寿命，[O_2] 为氧气浓度。目前，荷兰 ASTEC Global 公司开发的氧传感仪有两种。一种是自动氧传感检测仪（图 37-2A），可对种子萌发过程中的氧气浓度进行实时测定，适合中小粒种子或耗氧量少的种子的活力检测，如水稻、玉米、棉花、小麦、蔬菜、杉木、马尾松等。另一种是手动氧传感检测仪（图 37-2B），需手动测量氧气浓度，适合大粒种子或耗氧量多的种子的活力检测，如蚕豆、芸豆、板栗、银杏、椰子等种子。

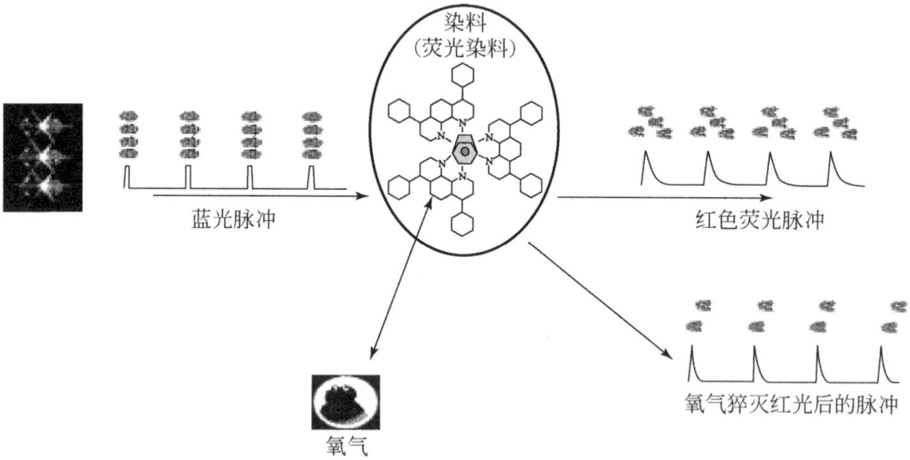

图 37-1　氧传感技术原理图（荷兰 ASTEC Global 公司提供）

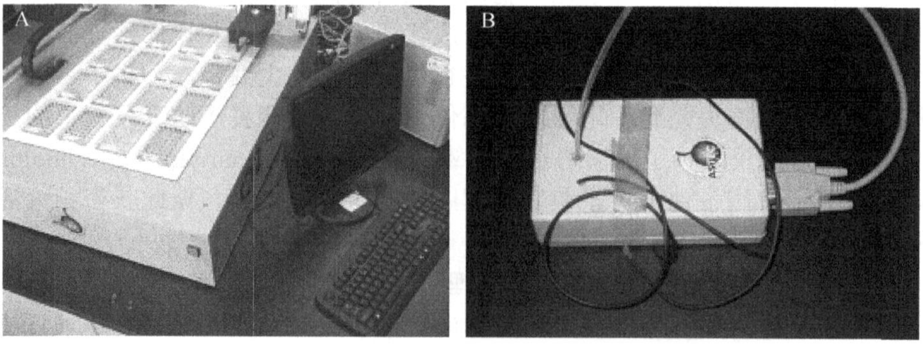

图 37-2　Q2 检测仪（氧传感检测仪）

本书介绍种子活力测定的氧传感自动化检测方法。首先根据种子类型、测定环境、样品重复次数、每次测定间隔时间等情况设定测定程序。在氧气测量过程中，操作软件会根据测量的氧气浓度和时间自动绘制成耗氧曲线，每条曲线代表一粒种子萌发过程中的耗氧情况，打破休眠且活力较高的种子的耗氧曲线的形状一般呈反 S 形。启动测定程序后相关指标会自动由系统完成，测定步骤如图 37-3 所示。

以水稻为例，水稻类型多样，有籼型水稻和粳型水稻之分以及杂交水稻和常规水稻之分。研究结果表明：不同类型水稻种子活力的氧传感检测程序是不同的，杂交籼稻种子的氧传感检测需要 60 h，而常规籼稻种子的氧传感检测需要 90 h，杂交粳稻种子的氧传感检测需要 140 h，而常规粳稻种子的氧传感检测需要 160 h（图 37-4）。可见，利用氧传感技术检测水稻种子的活力，杂交稻比常规稻快，籼稻比粳稻快。

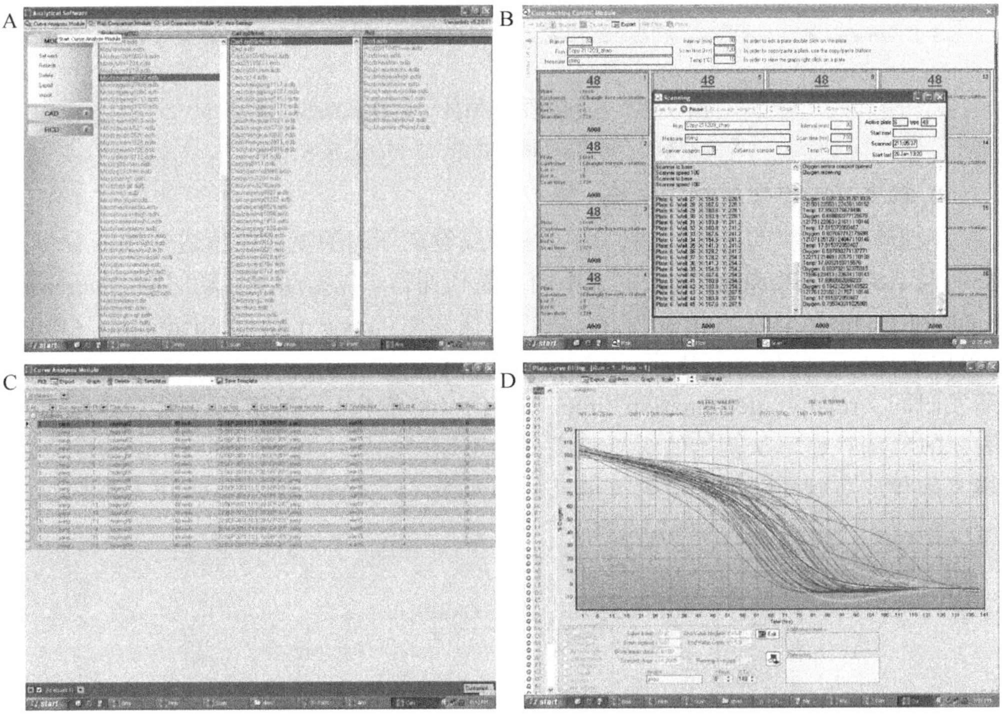

图 37-3　水稻种子氧传感测定程序与分析界面

A. 创建程序文件；B. 运行测定程序；C. 数据分析文件；D. 数据分析结果

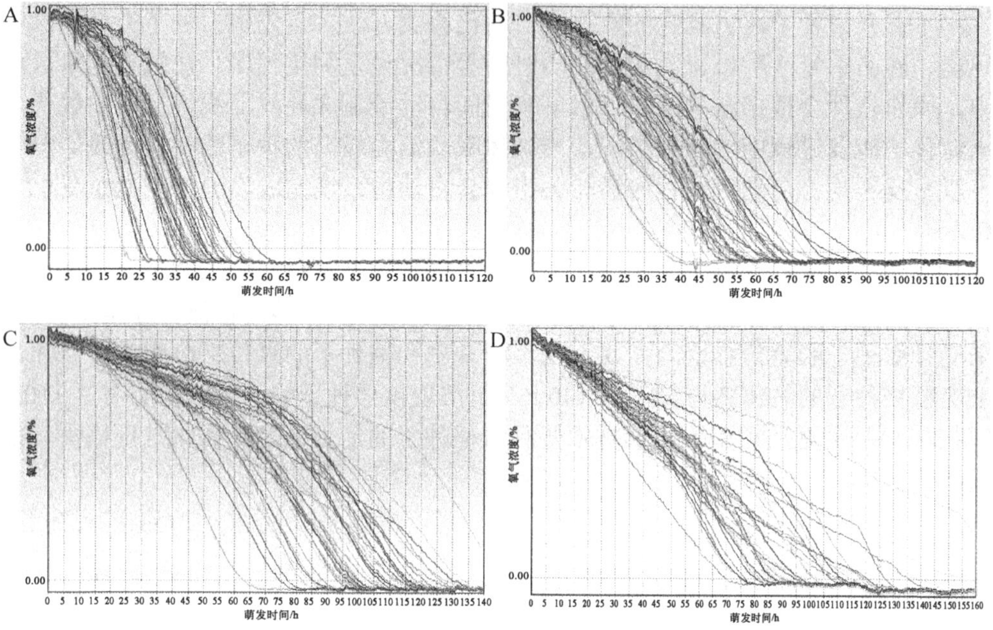

图 37-4　不同类型水稻种子的耗氧曲线

A. 杂交籼稻；B. 常规籼稻；C. 杂交粳稻；D. 常规粳稻

3. 种子活力氧传感测定指标

根据耗氧曲线的特征，我们可以选择或设定不同的氧代谢值进行统计分析，如荷兰 ASTEC Global 公司设定了不同的氧代谢值，包括萌发启动时间（increased metabolism time，IMT）（单位为 h）、氧气消耗速率（oxygen metabolism ratio，OMR）（单位为%/h）、临界氧气压强（critical oxygen pressure，COP）（单位为%）、理论萌发时间（relative germination time，RGT）（单位为 h）等指标（图 37-5）。IMT 表示氧气消耗速率从初始的缓慢速度开始迅速增加所需要的时间；OMR 是种子胚根突破种皮后到受低氧胁迫氧气消耗速率变慢之间的呼吸速率；COP 是呼吸速率

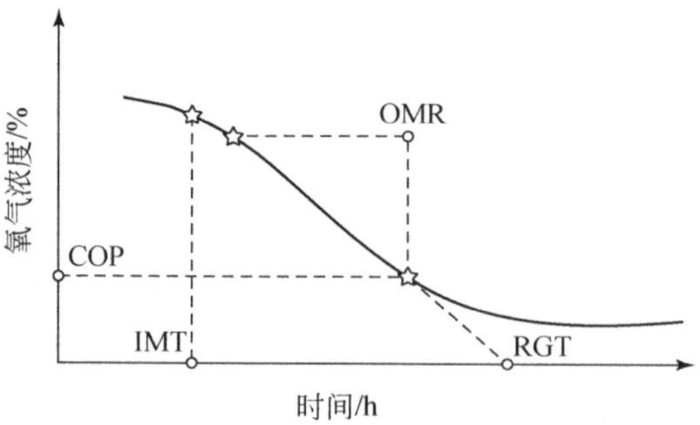

图 37-5　耗氧曲线中氧代谢值（荷兰 ASTEC Global 公司提供）

开始减速时的氧气浓度，它反映了种子耐低氧胁迫的能力；RGT 为非低氧胁迫条件下的理论萌发时间。一般来说，种子活力越高，OMR 值越高，IMT、COP 和 RGT 值越低。

二、目的要求

1. 了解氧传感技术测定种子活力的理论基础和氧传感仪的工作原理。
2. 掌握水稻、蔬菜、林木种子活力的氧传感测定实验步骤和分析方法。

三、材料和设备

1. 材料

水稻、番茄、杉木、马尾松种子。

2. 器具

Q2（氧传感）测定仪、1.5 mL 或 2.0 mL 的 Q2 试管（管盖上需涂有荧光染料）、分析天平、微波炉、恒温水浴锅、量筒（1000 mL）、标签纸等。

3. 试剂

琼脂、Na_2SO_3、种子消毒粉剂等。

四、方法与步骤

1. 培养基配制

称取琼脂 5.0 g，加入 1000 mL 超纯水，配制 0.5%琼脂溶液，加热至全溶，每个塑料试管加入琼脂溶液 1000 μL，待冷却凝固。

2. 种子培养

种子经消毒粉剂拌种后，用镊子夹取种子，放入装有已凝固琼脂的Q2 试管中，每个 Q2 试管中装一粒种子，在托板的边缘贴上标签，标注样品及重复。

3. 样品加载

待种子全部放入Q2 试管后，统一盖上盖子，最后将托板按样品及重复依次摆放在 Q2 测定仪上。此外，在 Q2 测定仪的 2 个对照孔区依次放置空白 Q2 试管（正对照）和 Na_2SO_3 过饱和溶液（负对照，需提前 1 d 配好）。

4. 氧传感检测

打开 Q2 测定的运行程序（basic machine software，BMS），校正参数、创建新程序，对每个托板进行设置（包括运行时间、测定间隔时间、运行温度等信息，以及样品名称、重复编号等）。氧传感检测程序设置的详细步骤如下。

1）校正：在当前窗口选择“Settings”（设置）菜单，该菜单中有 2 个下拉菜单。首先选择“Mcm Settings”（Mcm 设置），在“Temperature”（温度）选项中选择“Celcius”（摄氏温度），在“Comport”（启动）选项中将“Scanner”（扫描）参数值设为 5、将“OxSensor”（氧气传感器）参数值设为 6。继续选择下拉菜单“System”（系统），对原点孔（即氧传感仪荧光光源点所在的起始位置）、负对照孔（氧气浓度为 0）、正对照孔（氧气浓度为 1）以及 48 孔盘的位置参数进行设置，如原点孔的 4 个参数值 Org pos first plate X、Org pos first plate Y、Offset plates X、Offset plates Y 分别设为 4、－16.5、110、150；负对照孔的 3 个参数值 Position first X、Position first Y、Offset Y 分别设为 0、57、0；正对照孔的 3 个参数值 Position first X、Position first Y、Offset Y 分别设为 0、77、0；48 孔盘的 6 个位置参数 Nr Holes X、Nr Holes Y、Position first hole X、Position first hole Y、Offset holes X、Offset holes Y 分别设为 6、8、17.2、42、13.14、13.14。

2）回到 BMS 窗口，选择“Machine Control Module（MCM）”（机器控制模块）菜单，新建 Mod 文件，如“ModZhao”，点击“Create”（创建），然后点击“MCM”菜单进入“MCM Run maintenance”（MCM 运行维护）界面设置，点“add”（增加），然后键入：Name of run（运行名称），如“rice”（水稻）或“China fir”（杉木）；Measurer（测定者），如“Zhao”；Test location（测定地点），如“Lin’an”；Interval in minutes（间隔分钟），如“30”或“60”；Temp at start（测定起始温度）（℃），如“25”。点“Save”（保存），然后点“√”进入“Plate maintenance”（培养板维护）设置界面。

3）新建“Protocol”（程序），然后对各参数进行一一设置，如“Plate type”（培养板类型）设为“48”，“Nr to scan”设为“48”，“Water per well（μL）”设为“0.00”，“Filters”填写为“0.5% agar”，“Means time（hrs）”设为“120”，“Means volume（μL）”设为“800”，“Test temp（℃）”设为“25”，“Description”填写为“China fir”，“Company name”填写为“ASTEC”，“Lot＃”填写为“Lot 1”，“Rep”选“A”，“Chemicals”“Chemicals in mg/g”等信息一般不用填写，如用到种子处理的药剂才需填写。最后在“added at”时间选项中选择“Now”，点“Save”，然后点“√”。其他 48 孔盘的设置可直接点击“copy”和“paste”拷贝并做相应的改动即可。

4）最后点击 McM 界面左侧的“Start Scanning”（开始扫描）命令，出现“Scanning”（扫描）界面，点“Run”（运行）命令，氧传感仪开始自动运行，并实时测定每一个密闭试管中的氧气含量。

因不同植物种子萌动时间存在差异，每一物种甚至同一物种的不同类型运行时间也不同。水稻种子测定时间需 60～160 h，番茄种子约需 70 h，而杉木和马尾松种子约需 240 h。由此可见，水稻、番茄等农作物种子萌动所需时间短，而杉木和马尾松等林木种子萌动所需时间长。因此，水稻、番茄种子测定间隔时间可短些，一般设定为 30 min，而杉木和马尾松种子测定间隔时间可长些，一般设定为 60 min。此外，种子氧传感测定所需温度可参考发芽试验中的温度设置。光照对种子萌动有影响，建议最好在黑暗条件下进行检测。

5. 获取数据

测定结束后，计算机软件根据实测数据计算氧气浓度的相对值（种子管氧气浓度/空管氧气浓度），然后自动生成耗氧曲线（图 37-6）。有生活力的种子的耗氧曲线一般呈反 S 形，图中每条曲线代表一粒种子的耗氧情况，其中 a 为没放种子的空白对照（正对照），其氧气浓度相对值为 1，b 为 Na_2SO_3 过饱和溶液（负对照），其氧气浓度相对值为 0，c 在整个过程中氧气浓度基本没有变化，说明这个试管中的种子为死种子，其他曲线代表有生命力的活种子。

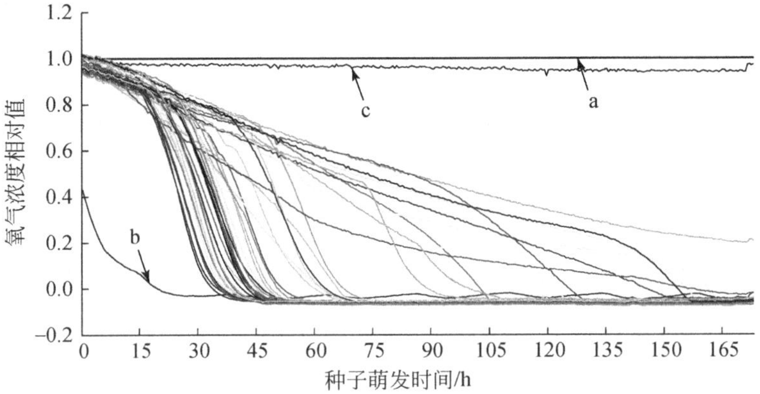

图 37-6　番茄种子萌发过程的耗氧曲线

6. 数据分析

最后在获得密闭试管中实测氧气浓度的相对值的基础上应用 Q2 数据分析软件计算 4 个氧代谢值：萌发启动时间（IMT）、氧气消耗速率（OMR）、临界氧气压强（COP）、理论萌发时间（RGT）。氧传感数据分析程序执行的详细步骤如下。

1）打开 Q2 数据分析程序（analytical software，ANS），新建 Cad 文件，该文件必须与 BMS 程序中的 Mod 名一致，本例中应为“CadZhao”。

2）同时显示 Zhao 的 Mod 和 Cad 文件后，点击 ANS 界面的“Curve Analyses Module”（曲线分析模块）菜单，进入曲线分析模块，选择第 1 盘 48 孔数据，点击“Fit It”（填入）菜单，进入“Plate curve fitting”（培养板曲线附件）界面，确保“Running Average”（运行平均数量）参数值为 3，否则需要重新设置。

3）在“Plate curve fitting”（培养板曲线附件）界面中点击“Fit All”（填入全部）菜单对第 1 盘 48 孔中每粒种子的耗氧曲线进行判定[一般选“Not Judged”（非判定）选项]，然后点“Save”，获得 48 粒种子的平均耗氧曲线。如此反复，对剩余 2～16 个盘中的种子的耗氧曲线进行分析判定。

4）返回 ANS 数据分析界面，点击“Rep Comparison Module”（重复间比较

模块）菜单，进入界面后选中同一处理的全部 3 或 4 次重复，然后点击“Next”直至获得所有氧代谢值，最后保存为 Excel 文件。

7. 最佳指标选择

值得注意的是，以上 4 个氧代谢值虽与种子活力存在一定的相关甚至是显著相关，但不同植物、同一植物不同亚种、不同品种间相关程度均存在差异，因此在用这些指标进行活力评价时需慎重选择。对农作物种子而言，OMR 值是评价常规稻种子活力的理想指标，COP 和 OMR 是评价杂交水稻种子活力的理想指标；IMT、OMR、RGT 是评价番茄种子活力的理想指标。对林木种子而言，RGT 是评价杉木种子活力的理想指标，OMR 是评价马尾松种子活力的理想指标。

五、注意事项

1. 不同植物种子在进行氧传感测定时的间隔时间不同，需根据实际情况考虑。

2. 测定时在黑暗条件下进行，要根据实际情况，选择不同的氧代谢值来评估种子的活力。

实验三十八　玉米胚根伸长计数法测定种子活力

一、基本原理

种子老化的最初表现为发芽速率减缓，这也是活力降低的最主要原因。对玉米种子发芽早期的胚根进行伸长计数可以准确反映种子的发芽情况，并且这种单一计数结果与其他发芽指数相关性很高。发芽早期的胚根伸长计数越高说明种子活力越高；计数越低则说明活力越低。

二、目的要求

了解玉米胚根伸长计数的基本原理，熟练掌握玉米胚根伸长计数的实验步骤。

三、材料和设备

1. 材料

玉米种子。

2. 器具

发芽箱［保持温度在（20±1）℃或（13±1）℃］、发芽纸、塑料袋（防止发芽过程中发芽纸干燥）。

四、方法与步骤

1. 置种

按纸卷发芽试验要求，设 8 个重复，每个重复取 25 粒种子。种子置于发芽纸上，胚根朝下。一般种子按两排放置在发芽纸上，一排 12 粒，另一排 13 粒。纸卷竖直放置在塑料袋中以防干燥。每次试验都设置对照。

2. 发芽

将塑料袋放置在规定温度的发芽箱中，温度一般为（20±1）℃或（13±1）℃。温度是整个试验中最重要的潜在变量，因此，需实时监控温度。每 24 h 翻转纸巾卷以保持水分均匀。

3. 胚根伸长计数

胚根伸长计数的时间与测试的温度有关。

1）20℃：开始发芽后 66 h±15 min 开始计数。发芽试验开始的时间必须合理，如果试验在 16：00 开始，则初次计数的时间应该在 3 d 后的 10：00。准确计数的时间对于 20℃下的发芽试验至关重要，因为此时胚根伸出非常快。

2）13℃：开始发芽后 144 h±1 h（6 d±1 h）开始计数。试验开始时间的设置应当方便后续胚根伸长的计数。

记录每个试验重复中胚根伸长超过 2 mm 的种子，观察清晰和明显的胚根是一种快速、一致的评估方法。

4. 结果计算

计算每个重复中胚根伸长的种子百分率。将 4 个 25 粒种子的重复整合成一个 100 粒种子的重复，并计算平均胚根伸出比例。如果两个 100 粒种子重复之间的差异超过最大限度，具体参照实验三十，则必须重复试验。如果第二次试验结果与第一次相近，则取两次试验的平均值。

五、注意事项

1. 必须实时监控温度，确保温度不发生变化。
2. 每隔 24 h 翻转纸卷，确保纸卷的水分均匀。
3. 判断胚根已经伸出的标准要一致，选择清晰、明显的胚根进行计数。

实验三十九　农作物种子生产田间检验

一、基本原理

田间检验是指在种子生产过程中，在田间对品种真实性进行验证，对品种纯度进行评估，同时对作物的生长状况、异作物、杂草等进行调查，并确定其与特定要求符合性的活动。田间检验的作用一是检查制种田的隔离情况，防止因外来花粉污染而造成的混杂，检查种子生产技术的落实情况，特别是去杂、去雄情况；二是检查田间生长情况，特别是花期相遇情况；三是检查品种的真实性和鉴定品种纯度，判断种子生产田生产的种子是否符合种子质量要求，报废不合格的种子生产田，防止低纯度的种子对农业生产的影响；四是通过田间检验，为种子质量认证提供依据。

二、目的要求

掌握田间检验时期、检验内容、样点分布和取样方法等。

三、材料和设备

水稻、玉米作物等大田用种种子。

四、方法与步骤

1. 了解种子生产田情况

包括被检单位和地址，作物、品种、类别、位置、编号和面积，农户姓名和电话，前茬作物情况，播种的种子批号、种子来源、种子世代，栽培管理情况和检验品种证明书。

2. 隔离情况的检查

应认真检查种子田及周边田块的隔离情况，对达不到隔离条件的部分田块给予淘汰。生产水稻常规种、保持系和恢复系的大田用种至少要求空间隔离 20 m；籼型杂交稻制种田要求空间隔离 200 m，粳型杂交稻制种田要求空间隔离 500 m。玉米自交系至少要求空间隔离 500 m，杂交种制种田要求空间隔离 300 m。

3. 种子生产田的生长状况调查

对于严重倒伏、杂草危害或其他一些原因引起生长不良的种子生产田（简称种子田），不能进行品种纯度评价，而应淘汰。当种子生产田处于中间状态时，可使用小区预控制的证据作为田间检验的补充信息，对种子生产田进行总体评价确定是否有必要进行品种纯度的详细检查。

4. 确定田间检验时期

田间检验应在品种特征特性表现最明显的时期进行，一般主要大田作物可分苗期、开花期（抽穗期、现蕾期、穗花期或薹花期）、成熟期（蜡熟期、结实期或结铃盛期）3 个阶段（表 39-1）。

表 39-1 主要大田作物品种纯度田间检验时期

作物种类	检验时期			
	第一阶段		第二阶段	第三阶段
	时期	要求	时期	时期
水稻	苗期	出苗 1 个月内	抽穗期	蜡熟期
小麦	苗期	拔节前	抽穗期	蜡熟期
玉米	苗期	出苗 1 个月内	抽穗期	成熟期
花生	苗期	2～3 片真叶	开花期	成熟期
棉花	苗期	10 片以上真叶	现蕾期	结铃盛期
谷子	苗期	10 片以上真叶	穗花期	成熟期
大豆	苗期	2～3 片真叶	开花期	结实期
油菜	苗期	10 片以上真叶	薹花期	成熟期

5. 确定样区频率

一般来说，总样本大小（包括样区频率和样区大小）应与种子生产田作物生产类别的要求联系起来，并符合 4*N* 原则。如果规定的杂株标准为 1/*N*，总样本大小至少应为 4*N*，如对于杂株率最低标准为 0.1%（即 1/1000），其样本大小至少应为 4000 株（穗），具体参见表 39-2。

表 39-2 种子生产田样区计数最低频率

面积/hm^2	最低样区频率/个		
	生产常规种	生产杂交种	
		母本	父本
＜2	5	5	3
3	7	7	4
4	10	10	5
5	12	12	6
6	14	14	7
7	16	16	8
8	18	18	9
9～10	20	20	10
＞10	在 20 基础上，每公顷递增 2	在 20 基础上，每公顷递增 2	在 10 基础上，每公顷递增 1

6. 确定样区大小

样区的大小和模式取决于被检作物、田块大小、行播或撒播、自交或异交及种子生长的地理位置等因素。对于面积较小（小于 10 hm^2）的常规种，每样区至少含 500（株）。对于面积大于 10 hm^2 的常规种的种子田，可采用 1 m 宽、20 m 长，与播种方向成直角的样区。对于生产杂交种的种子田检验，可将父母行视为不同的“田块”，一般玉米和高粱杂交制种田的样区为行内 100 株或相邻两行各 50 株，并分别报告母本和父本的结果。

7. 确定样区分布

凡同一品种、同一来源、同一繁殖世代、同一栽培条件的相连田块为一个检验区。一个检验区的最大面积为 500 亩[①]。取样样区的位置应覆盖整个种子田。这要考虑种子田的形状和大小，每一种作物特定的特征。取样样区分布应是随机和广泛的，不能故意选择比一般水平好或坏的样区。在实际过程中，为了做到这一点，首先需要确定两个样区的距离，还要考虑播种的方向，对于条播作物，尽量保证每一个样区具有不同的条播作物。样区分布可参见图 39-1。

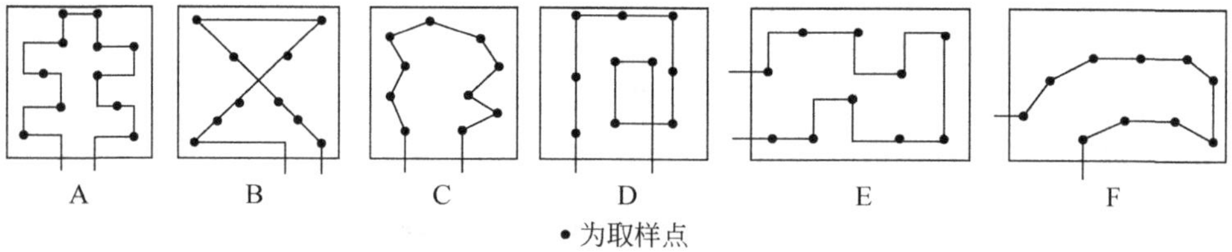

图 39-1　取样时样区的分布路线

A. 双十字循环法（观察 75%的田块）；B. 双对角循环法（观察 60%～70%的田块）；C. 随机路线法；D. 顺时针路线法；E. 双槽法（观察 85%的田块）；F. 悬梯法（观察 60%的田块）

8. 检验

设点取样后，根据鉴定时品种应具备的主要特征特性逐点逐株地进行观察分析鉴定。田间检验员应缓慢地沿着样区的预定方向前进，通常是边设点边检验，直接在田间进行分析鉴定，在熟悉供检品种特征特性的基础上逐株观察。应借助于已建立的品种间相互区别的特征特性进行检查，以鉴别被测品种与已知品种特征特性的一致性。

田间检验员宜采用主要性状来评定品种真实性和品种纯度。当仅采用主要性状难以得出结论时，可使用次要性状。检验时沿行前进，以背光行走为宜，尽量避免在阳光强烈、刮风、大雨的天气下进行检查。然后分别记载本品种、异品种、异作物、有害杂草、感染病虫株数，计算百分率。

检验完毕，将各点检验结果汇总，计算各项成分的百分率。

① 1 亩≈666.67m^2

9. 品种纯度计算

（1）淘汰值法 对于品种纯度高于 99.0%或每公顷低于 100 万株或穗的种子生产田，需要采用淘汰值法。对于育种家种子、原种是否符合要求，可利用淘汰值确定。淘汰值是在考虑种子生产者利益和有较少失误的基础上，把在一个样本内观察到的变异株数与标准比较，做出种子批符合要求或淘汰该种子批的决定。不同规定标准与不同样本大小的淘汰值见表 39-3，如果变异株大于或等于规定的淘汰值，就应淘汰该种子批。

表 39-3 总样区面积为 200 m^2 在不同品种纯度标准下的淘汰值

估计群体/(株或穗/hm^2)	品种纯度标准				
	99.9%	99.8%	99.7%	99.5%	99.0%
	200 m^2 样区的淘汰值/株或穗				
60 000	4	6	8	11	19
80 000	5	7	10	14	24
600 000	19	33	47	74	138
900 000	26	47	67	107	204
1 200 000	33	60	87	138	—
1 500 000	40	73	107	171	—
1 800 000	47	87	126	204	—
2 100 000	54	100	144	235	—
2 400 000	61	113	164	268	—
2 700 000	67	126	183	298	—
3 000 000	74	139	203	330	—
3 300 000	81	152	223	361	—
3 600 000	87	165	243	393	—
3 900 000	94	178	261	424	—

要查出淘汰值，应计算群体株（穗）数。对于行播作物（禾谷类等作物，通常采取数穗而不数株），可应用以下公式计算每公顷植株（穗）数：

$$P=1000000\times M\div W$$

式中：P——每公顷植株（穗）总数；

M——每一样区内 1 m 行长的株（穗）数的平均值；

W——行宽（cm）。

对于撒播作物，则计数 0.5 m^2 中的株数。撒播每公顷群体可应用以下公式计算：

$$P=20000\times N$$

式中：P——每公顷植株数；

N——每样区内 0.5 m^2 的株（穗）数的平均值。

根据群体数，从表 39-3 查出相应的淘汰值。将各个样区观察到的杂株相加，与淘汰值比较，做出接受或淘汰种子田的决定。如果 200 m^2 样区内发现的杂株总数等于或超过表 39-3 估计群体和品种纯度的给定数目，就可淘汰种子田。

（2）杂株（穗）率

$$杂株率=\frac{样区内的杂株（穗）数}{样区内供检本作物株（穗）数+杂株（穗）数}\times 100\%$$

10. 其他指标计算

$$异作物=\frac{异作物株（穗）数}{供检本作物总株（穗）数+异作物株（穗）数}\times 100\%$$

$$杂草率=\frac{杂草株（穗）数}{供检本作物总株（穗）数+杂草株（穗）数}\times 100\%$$

$$病（虫）感染=\frac{感染病（虫）株（穗）数}{供检本作物总株（穗）数}\times 100\%$$

杂交制种田，应计算父母本杂株散粉株及母本散粉株。

$$母本散粉株=\frac{母本散粉株数}{供检母本总株数}\times 100\%$$

$$父（母）本散粉杂株=\frac{父（母）本散粉杂株数}{供检父（母）本总株数}\times 100\%$$

11. 填写田间检验报告

检验完成后，及时填写检验报告，如与种子生产田有关的基本情况；根据作物不同，可选择填报相关的检验结果，前作、隔离条件、品种真实性和品种纯度等；并按种子分级标准提出种子的等级。检验员应根据检验结果，签署检验意见，可以参见表 39-4 和表 39-5。如果是原种或杂种品种的亲本，则应提出建议，表明能繁殖、去杂株后可繁殖及不能留种 3 种具体意见。

表 39-4　农作物常规种田间检验结果单

繁种单位			
作物名称		品种名称	
繁种面积		隔离情况	

续表

取样点数			取样总株（穗）数	
田间检验结果	品种纯度/%		杂草率/%	
	异品种/%		病（虫）感染/%	
	异作物/%			
田间检验结果建议或意见				
检验单位（盖章）：	检验员：	检验日期：　年　月　日		

表 39-5　农作物杂交种田间检验结果单

繁种单位				
作物名称			品种（组合）名称	
繁种面积			隔离情况	
取样点数			取样总株（穗）数	
田间检验结果	父本杂株率/%		母本杂株率/%	
	母本散粉株率/%		异作物/%	
	杂草/%		病（虫）感染/%	
田间检验结果建议或意见				
检验单位（盖章）：	检验员：	检验日期：　年　月　日		

五、注意事项

1. 处于难以检查状态，如严重倒伏、长满杂草的种子田或由于病虫、其他原因导致生长受阻或生长不良的种子田，不能进行品种纯度评定，建议淘汰种子田。如果种子田状况处于难以判别的中间状态，田间检验员应利用小区种植前控鉴定得出证据作为田间检验的补充信息，加以判断。

2. 品种严重混杂的，只需要检查两个样区，取其平均值，推算群体，查出淘汰值。如果杂株超过淘汰值，应淘汰该种子田并停止检查；如果没有超过，依此类推，继续检查，直至所有的样区。这种情况只适用于检查品种纯度，不适用于其他情况。

3. 在某一样区发现杂株而其他样区并未发现杂株，这表明正常的检查程序不是很适宜。这种现象通常发生在杂株与被检品种非常相似的情况下，只有非常仔细检查穗部才行。

实验四十　形态和化学法鉴定种子真实性和纯度

一、基本原理

不同作物品种间往往存在形态特征上的差别，如水稻种子的谷粒形状、稃壳和稃尖色、稃毛长短、稀密等；大麦种子的籽粒形状、颜色等；大豆种子大小、形状、颜色、光泽、光滑度等。通过借助放大镜进行逐粒观察，可以较为简便地分辨出不同品种的差异，测定种子的纯度。

有些作物品种间形态特征差异较小，采用普通的形态特征分辨比较困难，此时可以借助某些特定的化学试剂对种子进行染色或浸种。根据化学显色的不同结果，与标准品进行比较，就可鉴定品种的真实性。

二、目的要求

了解不同品种的种子形态特征和化学特征，熟练掌握种子形态特征和化学显色鉴定的方法。

三、材料和设备

1. 材料

水稻、大麦、小麦、燕麦、大豆、葱、高粱等种子。

2. 器具

紫外灯、放大镜、滤纸、培养皿、小试管、冰箱、纱网等。

3. 试剂

1%（*m*/*V*）苯酚溶液、蒸馏水、0.5%愈创木酚溶液、H_2O_2溶液、KOH、漂白粉、HCl 溶液、NaOH 溶液、甲醇等。

四、方法与步骤

（一）形态鉴定法

1. 取样

随机从送验样品中数取 400 粒种子，鉴定时须设重复，每个重复不超过 100 粒种子。

2. 形态鉴定

根据种子的形态特征，必要时可借助放大镜等进行逐粒观察，必须备有标准样品或鉴定图片和有关资料。

1）水稻：根据谷粒形状、长宽比、大小、稃壳和稃尖色、稃毛长短、稀密、柱头夹持率等进行鉴定。

2）大麦：根据籽粒形状、外稃基部皱褶、籽粒颜色、腹沟基刺、腹沟展开程度、外稃侧背脉纹齿状物及脉色、外稃基部稃壳皱褶凹陷、小穗轴茸毛多少、鳞被（浆片）形状及茸毛稀密等进行鉴定。

3）大豆：根据种子大小、形状、颜色、光泽、光滑度、蜡粉多少及种脐形状和颜色等进行鉴定。

4）葱类：根据种子大小、形状、颜色、表面构造及脐部特征等进行鉴定。

（二）化学鉴定法

随机从送验样品中数取 400 粒种子，鉴定时须设重复，每个重复不超过 100 粒种子。

1. 苯酚染色法

1）小麦、大麦、燕麦：将种子浸入清水中 18～24 h，用滤纸吸干表面水分，放入垫有经 1%苯酚溶液湿润的滤纸的培养皿内（腹沟朝下）。在室温下，小麦保持 4 h、燕麦保持 2 h、大麦保持 24 h 后即可鉴定染色深浅。小麦观察颖果染色情况，大麦、燕麦评价种子内外稃的染色情况。通常颜色分为五级，即浅色、淡褐色、褐色、深褐色和黑色。将与其颜色不同的种子取出作为异品种。

2）水稻：将种子浸入清水中 6 h，倒去清水，注入 1%苯酚溶液，室温下浸 12 h 取出，用清水洗涤，放在滤纸上经 24 h，观察谷粒或米粒染色程度。谷粒染色分为不染色、淡茶褐色、茶褐色、黑褐色和黑色五级；米粒染色分为不染色、淡茶褐色、褐色或紫色三级。

2. 大豆种皮愈创木酚染色法

将每粒大豆种子的种皮剥下，分别放入小试管内，然后注入 1 mL 蒸馏水，在 30℃下浸提 1 h，再在每支试管中加入 10 滴 0.5%愈创木酚溶液，10 min 后，每支试管加入 1 滴 0.1% H_2O_2 溶液。1 min 后，计数试管内种皮浸出液呈现红棕色的种子数与浸出液呈无色的种子数。

3. 高粱种子 KOH-漂白粉测定法

配制 1∶5（*m*/*V*）KOH 和新鲜普通漂白粉（5.25%漂白粉）的混合液（即 1 g KOH 加入 5.0 mL 漂白液），通常准备 100 mL 溶液，贮于冰箱中备用。将种子放入培养皿内，加入 KOH-漂白液（测定前应置于室温一段时间）以淹没种子为度。棕色种皮浸泡 10 min。浸泡中定时轻轻摇晃使溶液与种子良好接触，然后把种子倒在纱网上，用自来水慢慢冲洗，冲洗后把种子放在纸上让其自然干燥，待种子干燥后，记录黑色种子数与浅色种子数。

4. 燕麦种子荧光测定法

应用波长 360 nm 紫外线照射，在暗室内鉴定。将种子排列在黑纸上，置于距紫外灯 10～15 cm 处，照射数秒至数分钟后即可根据内外稃有无荧光发出进行鉴定。

5. 燕麦种子 HCl 测定法

将燕麦种子放入盛有早已配好的 HCl 溶液［1 份 38%（*V*/*V*）HCl 和 4 份水］的玻璃器皿中浸泡 6 h，然后取出放在滤纸上，让其自然干燥 1 h。根据棕褐色（荧光种子）或黄色（非荧光种子）来鉴别种子。

6. 小麦种子的 NaOH 测定法

当小麦种子红白皮不易区分（尤其是经杀菌剂处理的种子）时，可用 NaOH 测定法加以区别。数取 400 粒或更多的种子，先用 95%（*V*/*V*）甲醇浸泡 15 min，然后让种子干燥 30 min，在室温下将种子浸泡在 5 mol/L NaOH 溶液中 5 min，然后将种子移至培养皿内，不可加盖，让其在室温下干燥，根据种子浅色和深色加以计数。

五、注意事项

1. 采用化学鉴定法测定不同作物品种纯度时，应将种子浸没在溶液中，使其充分染色。

2. 某些小麦品种利用苯酚染色法染色后，颜色相同，无法区别，可采用加速染色或延缓剂处理后再进行染色鉴定。

3. 对大豆种子进行愈创木酚染色时，剥种皮时种子的完整程度要一致，否则影响染色的深浅，进而影响鉴定结果。可用小打孔器处理种皮。

4. 对高粱种子进行 KOH-漂白粉测定和对小麦种子进行 NaOH 测定时，种子浸泡结束后应置于空气中自然干燥，不应加盖。

实验四十一　幼苗和田间小区种植鉴定种子真实性和纯度

一、基本原理

种子幼苗鉴定是一种有效的品种真实性和纯度鉴定方法，可以通过两个主要途径进行：一是提供给植株以加速发育的条件（类似于田间小区鉴定，只是所需时间较短），当幼苗达到适宜评价的发育阶段时，对全部或部分幼苗进行鉴定；二是让植株生长在特殊的逆境条件下，测定不同品种对逆境的反应来鉴别。

田间小区种植是鉴定品种真实性和测定品种纯度最为可靠、准确的方法。为了鉴定品种真实性，应在鉴定的各个阶段与标准样品进行比较。对照的标准样品为栽培品种提供全面的、系统的品种特征特性的现实描述，标准样品应代表品种原有的特征特性，最好是育种家种子。标准样品的数量应足够多，以便能持续使用多年，并在低温干燥条件下贮藏，更换时最好从品种培育的育种家处获取。

二、目的要求

了解不同品种的种苗形态特征鉴定和田间小区种植鉴定的原理和操作方法。

三、材料和设备

1. 材料

玉米、高粱、燕麦、小麦、大豆、莴苣、甜菜等种子。

2. 器具

培养皿、砂等。

3. 试剂

缺磷的 Hoagland 1 号培养液：在 1 L 蒸馏水中加入 4 mL 1 mol/L $Ca(NO_3)_2$ 溶液、2 mL 1 mol/L $MgSO_4$ 溶液和 6 mL 1 mol/L KNO_3 溶液。

Hoagland 2 号培养液：在 1 L 蒸馏水中加入 1 mL 1 mol/L KH_2PO_4 溶液、5 mL 1 mol/L KNO_3 溶液、5 mL 1 mol/L $Ca(NO_3)_2$ 溶液和 2 mL 1 mol/L $MgSO_4$ 溶液。

四、方法与步骤

（一）种苗形态特征鉴定法

随机从送验样品中数取 400 粒种子，鉴定时须设重复，每重复为 100 粒种子。在培养室或温室中，可以一共用 100 粒做两次重复。

1. 禾谷类

禾谷类作物的芽鞘、中胚轴有紫色与绿色两大类，它们是受基因控制的。将种子播在砂中（玉米、高粱种子间隔 1.0 cm×4.5 cm，燕麦、小麦种子间隔 2.0 cm×4.0 cm，播种深度 1.0 cm），在 25℃恒温下培养，24 h 光照。玉米、高粱每天加水，小麦、燕麦每隔 4 d 施加缺磷的 Hoagland 1 号培养液，在幼苗发育到适宜阶段时（高粱、玉米 14 d，小麦 7 d，燕麦 10～14 d），鉴定芽鞘的颜色。

2. 大豆

把种子播于砂中（种子间隔 2.5 cm×2.5 cm，播种深度 2.5 cm），在 25℃下培养，24 h 光照，每隔 4 d 施加 Hoagland 2 号培养液，至幼苗各种特征表现明显时，根据幼苗下胚轴颜色（生长 10～14 d）、茸毛颜色（21 d）、茸毛在胚轴上着生的角度（21 d）、小叶形状（21 d）等进行鉴定。

3. 莴苣

将种子播在砂中（种子间隔 1.0 cm×4.0 cm，播种深度 1 cm），在 25℃恒温下培养，每隔 4 d 施加 Hoagland 2 号培养液，3 周后（长有 3 或 4 片叶）根据下胚轴颜色、叶色、叶片卷曲程度和子叶等形状鉴别。

4. 甜菜

有些栽培品种可根据幼苗颜色（白色、黄色、暗红色或红色）来区别。将种球播在培养皿湿砂上，置于温室的柔和日光下，经 7 d 后，检查幼苗下胚轴的颜色。根据白色与暗红色幼苗的比例，可在一定程度上表明糖用甜菜及白色饲料甜菜栽培品种的真实性。

（二）田间小区种植鉴定法

田间小区种植鉴定法基本程序如下。

1. 田块选择

为使品种特征特性充分表现，试验在设计和布局上要选择气候环境条件适宜的、土壤均匀、肥力一致、前茬无同类作物和杂草的田块，并有适宜的栽培管理措施。

2. 种植

行间及株间应有足够的距离，大株作物可适当增加行株距，必要时可用点播和点栽。为了测定品种纯度百分率，必须与现行发布实施的《农作物种子质量标准》相联系。试验设计的种植株数要根据《农作物种子质量标准》的要求而定，一般来说，若标准为（N－1）×100%/N，种植株数 4N 即可获得满意结果，如标准规定纯度为 98%，即 N 为 50 株，种植 200 株即可达到要求。

3. 田间检验

检验员应拥有丰富的经验，熟悉被检品种的特征特性，能正确判别植株是属于本品种还是变异株。变异同株应是遗传变异，而不是受环境影响所引起的变异。

许多种在幼苗期就有可能鉴别出品种真实性和纯度，但成熟期（常规种）、花期（杂交种）和食用器官成熟期（蔬菜种）是品种特征特性表现时期，必须进行鉴定。记载的数据用于结果判别时，原则上要求花期和成熟期相结合，并通常以花期为主。

4. 结果计算

品种纯度结果表示有以变异株数目表示和以比例（%）表示两种方法。

1）变异株数目表示：GB/T 3543.5—1995 规定的淘汰值就是以变异株数表示，如纯度 99.9%，种 4000 株，其变异株或杂株不应超过 9 株（淘汰值）；如果不考虑容许差距，其变异株不超过 4 株。

表 41-1 列举了不同标准的淘汰值，栏目中有横线或下划线的淘汰数值并不可靠，因为样本数目不足够大，具有极大的不正确接受不合格种子的危险性，这种现象发生在标准样本内的变异株少于 4N 的情况。如果变异株大于或等于规定的淘汰值，就应淘汰该种子批。

表 41-1 不同规定标准与不同样本大小的淘汰值（0.05 显著水平）

规定标准/%	不同样本（株数）大小的淘汰值						
	4000	2000	1400	1000	400	300	200
99.9	9	<u>6</u>	<u>5</u>	<u>4</u>	—	—	—
99.7	19	11	9	<u>7</u>	<u>4</u>	—	—
99.0	52	29	21	16	9	<u>7</u>	<u>6</u>

淘汰值的推算采用泊松分布，可采用下式计算。

$$R=X+1.65\sqrt{X}+0.8+1$$

结果舍去所有小数位数，注意不采用四舍五入或六入。

式中：R——淘汰值；

X——标准所换算成的变异株数。

例如，纯度 99.9%，在 4000 株中的变异株数（X）为 4000×（100%−99.9%）=4，$R=4+1.65\times2+0.8+1=9.1$，去掉所有小数后，淘汰值为 9。

2）比例（%）表示：将所鉴定的本品种、异品种、异作物和杂草等均以所鉴定植株的比例（%）表示。小区种植鉴定的品种纯度结果可采用下式计算。

$$品种纯度=\frac{本作物总株数-变异株(非典型株)数}{本作物总株数}\times100\%$$

建议小区种植鉴定的品种纯度保留一位小数，以便于比较。

田间小区种植鉴定结果除填报品种纯度外，还可填报所发现的异作物、杂草和其他栽培品种的比例（%）。

五、注意事项

1. 进行种子幼苗形态和田间小区种植鉴定时，需将已知标准品种同时进行种植，以其为参照标准进行鉴定。

2. 在进行鉴定时，应正确区分变异株是由环境影响所引起的还是由遗传变异造成的。

实验四十二　玉米种子超薄层等电聚焦凝胶电泳

一、基本原理

测定玉米种子杂种纯度和鉴定玉米品种的标准方法是超薄层等电聚焦凝胶电泳（UTLIEF）。从单粒的玉米种子中分离出醇溶蛋白（玉米蛋白）或水溶蛋白，在超薄层凝胶上用等电聚焦电泳分离。凝胶上的蛋白质谱带可作为一个品种或自交系的特征。而且一般也可以通过寻找父本中存在的一个或多个醇溶性蛋白谱带来估计混合样品的纯度，这些谱带在母本中不存在，但会出现在杂种中。这些谱带可作为鉴别杂种的标志谱带并作为评估杂种纯度的一种方法。超薄层凝胶可以在高电压环境下运行，比传统的凝胶运行时间短，且染色更快。

二、目的要求

了解超薄层等电聚焦凝胶电泳鉴定杂交玉米种子纯度的原理，掌握其具体操作方法。

三、材料和设备

1. 材料

玉米种子。

2. 器具

水平电泳系统、离心机、离心管、1/1000 电子天平或分析天平、薄玻璃板、聚酯薄纸、凝胶盒、胶带、烤炉、胶膜等。

3. 试剂

2-氯乙醇、蒸馏水、阳极缓冲液、阴极缓冲液、凝胶溶液、凝胶固定液、凝胶染色液、凝胶脱色液、贮藏凝胶溶液、不同 pH 的两性电解质、尿素、牛磺酸、过硫酸铵（AP）、四甲基乙二胺（TEMED）溶液等。

四、方法与步骤

1. 溶液配制

1）提取液：取 30 mL 2-氯乙醇加蒸馏水至 100 mL，得到 30%（*V*/*V*）2-氯乙醇。该溶液可在室温中贮藏两周以上，也可直接以蒸馏水作为提取液。

2）阳极缓冲液：称取 0.83 g L-天冬氨酸和 0.92 g L-谷氨酸溶于热蒸馏水中，并稀释至 250 mL。该溶液可在 4℃存放两周。

3）阴极缓冲液：称取 1.18 g L-精氨酸、0.91 g L-赖氨酸和 30.00 mL 乙二胺溶于蒸馏水中，并稀释至 250 mL。该溶液可在 4℃存放两周。

4）凝胶溶液：称取 16.57 g 丙烯酰胺和 0.43 g 双丙烯酰胺溶于蒸馏水中，并稀释至 250 mL。该溶液可在 4℃存放两周。

5）凝胶固定液：将 1 kg 三氯乙酸（TCA）溶于 450 mL 蒸馏水中，变成贮备液。使用前，将 120 mL 贮备液与 880 mL 蒸馏水混合稀释成浓度约为 12%的 TCA 溶液。每块凝胶大约需 400 mL 该溶液，且该溶液可使用 3 次。

6）凝胶染色液：将 0.45 g 考马斯亮蓝 R250、1.35 g 考马斯亮蓝 G250、330 mL 冰醋酸和 540 mL 乙醇进行混合，加蒸馏水稀释至 3000 mL。每块凝胶染色需该溶液约 400 mL。

7）凝胶脱色液：将 750 mL 无水乙醇和 125 mL 冰醋酸混合，并用蒸馏水稀释至 2500 mL。

2. 蛋白质提取

取一粒完整的干种子或半粒（种子纵切成两半）种子，研磨成细粉。取 50 mg 该细粉至微量离心管中，加入 0.2 mL 提取液进行提取。样品在 20℃下静置 1 h。之后进行超声振荡 30 s，并在 2000 *g* 下离心 5 min。取离心后的一部分上清液用于电泳，将剩余的上清液存放在−20℃条件下，可保存 3 个月。

3. 凝胶准备

凝胶可直接在两层薄玻璃板中间制备或在垫有聚酯薄纸的玻璃板上制备。载板需要使用甲硅烷基化剂处理以使凝胶更好地黏附，盖板则需要经凝胶抛光剂（Gel-Slick）处理使胶易于剥离。

根据仪器的设计要求，组装干净和干燥的凝胶盒。凝胶的厚度要求为 0.12 mm，可用一个固定厚度的胶带作为垫片。将下列溶液进行混合：50 mL 贮藏凝胶溶液、16 g 尿素、0.55 mL 两性电解质（pH 2～4）、0.55 mL 两性电解质（pH 4～6）、1.40 mL 两性电解质（pH 5～8）、1.90 mL 两性电解质（pH 4～9）。或者也可将 50 mL 贮藏凝胶溶液、16 g 尿素、1.5 g 牛磺酸、2.90 mL 两性电解质（pH 5～8）、1.50 mL 两性电解质（pH 2～11）进行混合制备凝胶（如果使用第二种方法，则必须先将牛磺酸溶解在贮藏凝胶溶液中）。

聚合时将 0.35 mL AP［20%（*m*/*V*）新鲜配制的溶液］和 0.05 mL TEMED 溶液缓慢加入进行混合，注意避免引入过多空气。通过上述方法制备的凝胶溶液可以制成 10 块 240 mm×180 mm×0.12 mm 的凝胶（每块凝胶只需 6.5 mL）。缓慢混合后，将凝胶倒在处理过的载板上，再将盖板轻轻盖上，等待聚合反应结束（45 min 以上）。制备好的凝胶可在包裹后放置于 4℃条件下保存一周。

4. 电泳

将凝胶置于预冷（10℃）的水平电泳仪冷却板上。为使凝胶能更好地黏附和冷却，可在凝胶和冷却板之间加入一层薄薄的水。将两个电极滤条分别浸没在阳极缓冲液和阴极缓冲液中，并分别放在凝胶的两端。在距离阳极滤条下端约 0.5 cm 处的加样带上点样，接通电极，在 2500 V、15 mA 条件下电泳 70 min，即结束。

5. 固定和染色

电泳结束后，将凝胶置于凝胶固定液中缓慢摇晃至少 20 min。之后将凝胶在凝胶染色液中摇晃 50 min 进行染色。结束后，在凝胶脱色液中脱色 15 min，之后用清水冲洗。凝胶在室温下干燥过夜或在烤炉中 70℃烘干 20 min，之后可用胶膜包裹密封。密封好的凝胶可在室温下保存很多年。

6. 结果分析

在试验过程中，通过检测样品的蛋白质谱带是否与真实品种的一致，来判断样品的真实性。对于杂种种子而言，这种方法可以判断杂种纯度（自交率）。假定父母本均是纯系，在比较父母本和杂种时，杂种中应该有更多的条带。基于这些条带标记，杂种纯度可以通过检测同一种子批中符合条件的种子数量而判断。如果种子的条带与母本条带一致，则判定该种子为自交授粉。异质授粉种子的条带表现不同，往往会出现一条不同的蛋白质谱带。如果混入了其他品种，种子中也会表现不同的谱带。

至于杂交品种的不同类型，判断如下。①单交种：只有一条带型是杂交种特有的，其余的条带均遗传于父母本（图 42-1）。②双交种：父母本都分别来自单杂交的种子，所以在杂交种子中会表现出 4 种不同的带型（图 42-2）。③三交种：因母本是杂交种，故其蛋白质来自两个自交系，所以在杂交种中，可能会出现两种可能的带型（父本带和其中一种母本带）。然而，经验表明大多数杂交种子只表现出一种谱带类型（图 42-3）。

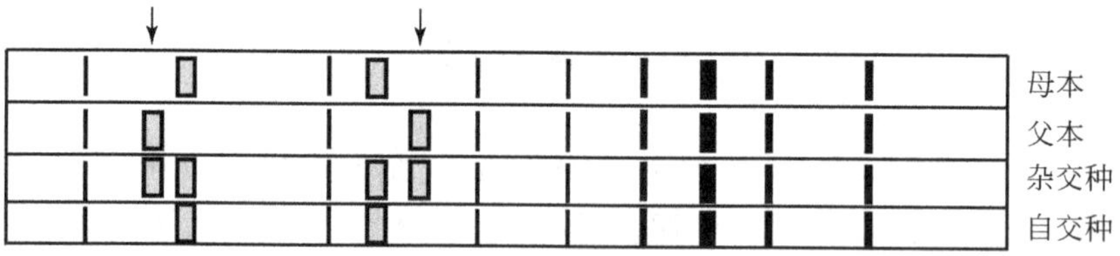

图 42-1　一个单交种的鉴定

杂交种只有一种带型；其他带型来源于自花授粉（与母本带型一致）或受到污染；图中箭头所指均代表在母本中没有，仅在父本或杂交后代中出现的条带，即箭头所列表示在后代中出现的非母本带，下图同

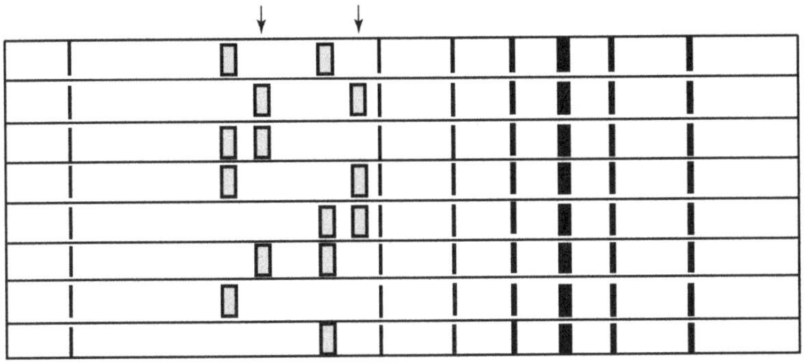

图 42-2 一个双交种的鉴定

父母本均是杂交种，根据孟德尔遗传定律，会出现 4 种杂交谱带类型

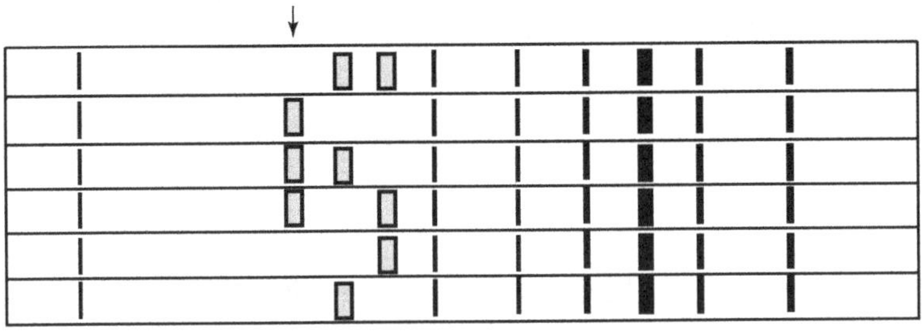

图 42-3 一个三交种的鉴定

父本是杂交种，根据孟德尔遗传定律，会出现两种杂交谱带类型（但多数情况下仅会出现一种）

1）相对迁移率计算：按电泳胶板蛋白质显色的谱带绘制电泳图谱，与其品种的标准图谱比较，可鉴别品种的真伪。计算出相对迁移率（Rf）值：

$$相对迁移率=\frac{谱带迁移距离}{等电点标准最前沿的蛋白迁移距离}$$

2）等电点标准（PI）曲线的制作及电泳谱带等电点的计算：以标准蛋白作为等电点标准，以其电泳后蛋白质谱带的等电点作为纵坐标，蛋白质谱带的相对迁移率作为横坐标，做标准曲线。测试品种的电泳谱带根据其相对迁移率在标准曲线上计算出其对应的等电点值。

3）品种纯度测定：将整张电泳图谱上具有不同于绝大多数种子的电泳图谱特征的种子作为变异种子，则有

$$品种纯度=\frac{供试种子数-变异种子数}{供试种子数}\times 100\%$$

五、注意事项

聚焦电泳的精确条件和时间与凝胶的外形尺寸、玉米品种的类型等均有关，

需要依预实验结果设置。

实验四十三　大麦种子醇溶蛋白聚丙烯酰胺凝胶电泳

一、基本原理

鉴定大麦品种的标准方法是聚丙烯酰胺凝胶电泳（PAGE）。从大麦种子中提取出醇溶蛋白（大麦醇溶蛋白），并在 pH 3.2 条件下采用 PAGE 方法进行分离。电泳图谱中的蛋白质谱带与基因遗传有关，因此可作为品种的“指纹”。通过对单粒种子进行分析，可用于鉴定未知的样品或混合物。

一般推荐每次实验以 100 粒种子为材料。但如果要非常精确地评估品种的纯度，则可能需要更大的样本。而如果仅与标准值进行比较，则使用 50 粒种子进行检测就可以，这样做可以最大限度地减少工作量。如果只是简单地检测一个种子批次中的单一主要成分，则只需要少于 50 粒种子。

二、目的要求

了解大麦醇溶蛋白聚丙烯酰胺凝胶电泳鉴定品种的原理，并掌握具体的电泳方法。

三、材料和设备

1. 材料

大麦种子。

2. 器具

凝胶盒、硅处理玻璃板、塑料薄纸、样品梳、离心机、电泳仪、电泳用品等。

3. 试剂

提取液、电极缓冲液、凝胶缓冲液、染色溶液、丙烯酰胺、双丙烯酰胺、尿素、抗坏血酸、$FeSO_4$、0.6% H_2O_2溶液、过硫酸铵（AP）、四甲基乙二胺（TEMED）等。

四、方法与步骤

1. 溶液配制

1）提取液（100 mL）：称取 0.05 g 甲基绿粉剂、20 mL 2-氯乙醇、18 g 尿素，1 mL 2-巯基乙醇混合，加入去离子水定容到 100 mL，低温保存。

2）电极缓冲液：称取 0.4 g 甘氨酸，加入 4 mL 冰醋酸，用去离子水定容到 1000 mL，低温保存。

3）凝胶缓冲液：称取 1.0 g 甘氨酸，加入 20 mL 冰醋酸，用去离子水定容到

1000 mL，低温保存。

4）染色溶液：称取 100 g 三氯乙酸，加去离子水定容到 1 L；称取 1 g 聚丙烯酰胺蓝 G-90（或聚丙烯酰胺蓝 83）溶解在 100 mL70%乙醇中。

2. 蛋白质提取

单粒种子捣碎后转入 1.5 mL 聚丙烯离心管中，加入 0.3 mL 提取液，彻底混匀后在室温下过夜。之后在 18 000 *g* 条件下离心 15 min，取上清液用于电泳。正常情况下，提取出的上清液可在 4℃条件下贮藏 3～4 d。

3. 凝胶准备

根据仪器的设计要求，组装干净和干燥的凝胶盒。组装凝胶盒前，用硅处理玻璃板，以便后续转移凝胶。凝胶盒内可垫一层塑料薄纸（如 Gel Bond PAG，FMC 公司）。100 mL 凝胶溶液由 60 mL 凝胶缓冲液、10 g 丙烯酰胺、0.4 g 双丙烯酰胺、6 g 尿素、0.1 g 抗坏血酸和 0.005 g $FeSO_4$组成；待溶液搅拌均匀后，继续加入凝胶缓冲液至 100 mL。每 100 mL 凝胶溶液加入 0.35 mL 新鲜的 0.6% H_2O_2 溶液后，迅速混合并将凝胶溶液灌入凝胶盒中。在加入 H_2O_2 之前，凝胶混合液可冷却至接近 0℃备用。聚合反应完成时间为 5～10 min。在盒子上方插入样品梳。凝胶混合液必须充满盒子，或用水覆盖。

也可以用过硫酸铵（0.1 mL 10%溶液，新鲜配制）和 TEMED（0.3 mL）来取代 H_2O_2，在灌胶前加到凝胶混合液中。

4. 电泳

从凝胶中移去样品梳，用电极缓冲液冲洗样品孔。电泳槽中加满合适体积的缓冲液（根据使用电泳槽的大小）。将样品（10～20 mL）加入样品孔中，然后将凝胶置于槽中，确保样品孔完全浸没在电泳缓冲液中。在 500 V 恒压条件下进行电泳，如果采用的是焦宁 G 染料，电泳时间为染料迁移至胶板底部时间的 2 倍；如果以甲基绿作为示踪染料，电泳时间则为染料迁移至胶板底部时间的 3 倍。电泳过程中，需接通自来水进行冷却，以保持电泳温度在 15～20℃。

5. 固定和染色

从槽中取出凝胶盒，将凝胶置于一个塑料盒中，盒内含有 200 mL 10%三氯乙酸和 5～10 mL 1%聚丙烯酰胺蓝 G-90（或聚丙烯酰胺蓝 83）。1～2 d 可以染色完全，且一般不需脱色。沉淀的染料需从凝胶的表面刮除。在水中清洗凝胶以提高染色程度，之后凝胶可用于检测或拍照。任何凝胶中的蓝底背景均可以在 10%三氯乙酸中清洗除去。凝胶可在 4℃条件下贮存于聚乙烯袋中保存数月。

6. 电泳图谱鉴定

1）真实性鉴定：按电泳胶板蛋白质显色的蓝色谱带绘出电泳图谱，并计算出 Rf 值，计算方法同实验四十二，与其品种的标准图谱比较，以鉴别品种的真伪。

2）品种纯度测定：按品种标准图谱分析出图谱不同的异品种种子粒数，计算出品种纯度百分率。

五、注意事项

1. 凝胶制备过程中应注意在聚合反应之前尽量使凝胶混合液接近 0℃，聚合反应迅速完成。

2. 加样时，注意加样量不应太多，否则会使蛋白质谱带模糊而难以分辨。

实验四十四　小麦种子醇溶蛋白乙酸尿素聚丙烯酰胺凝胶电泳

一、基本原理

小麦品种鉴定的标准参考方法是乙酸尿素聚丙烯酰胺凝胶电泳（A-PAGE）。从小麦种子中分离出醇溶蛋白并在 pH 3.2 条件下用 A-PAGE 方法进行分离，电泳后的蛋白质谱带与小麦的遗传组成有关，可被认为是品种的“指纹”。通过单粒种子分析，这些指纹可以被用于鉴定未知的样品和混合物。

二、目的要求

了解小麦种子醇溶蛋白乙酸尿素聚丙烯酰胺凝胶电泳鉴定品种的原理，并掌握具体的电泳方法。

三、材料和设备

1. 材料

小麦种子。

2. 器具

微量离心管或微量滴定板、刀片、离心机、摇床、试管、垂直电泳仪、通风橱、1/1000 电子天平或分析天平等。

3. 试剂

无水乙醇、丙酮、甘油、尿素、0.05%焦宁 G、25%～30% 2-氯乙醇、甲基绿、40%丙烯酰胺原液或丙烯酰胺粉末、2%双丙烯酰胺原液、0.005%和 0.0014% $FeSO_4$、0.1%抗坏血酸、去离子水、30% H_2O_2、甘氨酸、冰醋酸、考马斯亮蓝 R250、三氯乙酸（TCA）、考马斯亮蓝 G250 等。

四、方法与步骤

1. 样品准备

种子可被研磨、捣碎或用刀片对半切开，然后转移到微量离心管（1.5 mL）或微量滴定板（200 mL）中。

2. 蛋白质提取

（1）提取法一

1）溶液配制如下。提取液：70%乙醇（使用前新鲜配制）。样品缓冲液：30%（*m*/*V*）甘油、6 mol/L 尿素、25 mmol/L 冰醋酸、0.05%焦宁 G；加入去离子水至最终容积。溶液在室温下保存。

2）提取步骤如下。按每粒种子或每 50～60 mg 种子粉末加入 200 mL 70%乙醇。如果使用的是微量离心管，用涡旋方法将样品混合。如果使用的是微量滴定板，则不需要混合。将样品在室温且黑暗条件下静置 1 h，离心，将上清液回收在 1.5 mL 试管中，在室温条件下加入 1 mL 丙酮。蛋白质会在几分钟内沉淀（如果不用，则保存在 4℃）。离心，去除丙酮，在通风橱内使粉末干燥 5 min。加入 150 mL 样品缓冲液。提取过程可在 2 h 内完成。提取物可在 4℃条件下保存数周。

（2）提取法二

1）提取缓冲液配制：25%～30% 2-氯乙醇、0.05%焦宁 G 或甲基绿；加入去离子水至最终容积。溶液在 4℃下保存。

2）提取步骤：每粒种子加入 150～200 mL 提取缓冲液。如果使用的是微量离心管，用涡旋方法将样品混合。如果使用的是微量滴定板，则不需要混合。将样品在室温条件下温育过夜。如有必要，在凝胶上样前，可在 13 000 r/min 条件下离心 15 min。提取物在 4℃条件下可保存数天。

3. 凝胶准备和电泳槽缓冲液配制

（1）准备方法一

1）凝胶混合液：凝胶混合液由 12%丙烯酰胺（由 40%原液稀释）、0.4%双丙烯酰胺（由 2%原液稀释）、0.75%冰醋酸、12%尿素、0.0014%$FeSO_4$、0.1%抗坏血酸和去离子水组成（80 mL 混合液可制备 2 块 16 cm×18 cm×1.5 mm 的凝胶）。将以上物质混合均匀直至完全溶解。

2）聚合引发剂：往配制好的凝胶混合液中加入 30% H_2O_2，使其浓度为 0.001%（*V*/*V*）。由于聚合作用速度很快，凝胶制备必须快速。可先将装凝胶的盒子在 4℃下预冷，以延缓在注入凝胶混合液时发生聚合反应。

3）电泳槽缓冲液：上槽缓冲液为将 1 mL 冰醋酸加入 700 mL 去离子水中，使冰醋酸的最终浓度为 0.143%（*V*/*V*）。下槽缓冲液为将 10 mL 冰醋酸加入 4000 mL 去离子水中，使冰醋酸的最终浓度为 0.25%（*V*/*V*）。

（2）准备方法二

1）凝胶混合液：凝胶混合液由10%丙烯酰胺（由原液或粉末稀释）、0.4%双丙烯酰胺（由原液或粉末稀释）、6%尿素、0.005%$FeSO_4$、0.1%（*m*/*V*）甘氨酸、2%（*V*/*V*）冰醋酸和去离子水组成。将以上这些物质混合均匀直至完全溶解。

2）聚合引发剂：往配制好的凝胶混合液中加入30% H_2O_2，使其浓度为0.002%～0.003%（*V*/*V*）。由于聚合作用速度很快，凝胶制备必须快速。可先将装凝胶的盒子在4℃下预冷，以延缓在注入凝胶混合液时发生聚合反应。

3）电泳槽缓冲液：由0.4%（*V*/*V*）冰醋酸、0.04%（*m*/*V*）甘氨酸和去离子水组成。

4. 样品上样

根据使用的电泳设备不同，上样量可为5～20 mL。

5. 电泳

（1）方法一

1）恒定电压：电泳时采用500 V的恒定电压。

2）电泳时需保持缓冲液温度在18℃，可接通自来水进行冷却。

3）电泳时间：染料离开凝胶时间的2倍。

（2）方法二

1）恒定电流：电泳时每块凝胶的电流为40 mA。

2）电泳时需保持缓冲液温度在18℃，可接通自来水进行冷却。

3）电泳时间：染料离开凝胶时间的2倍。

6. 固定和染色

（1）一步固定和染色法（方法一）

1）配制考马斯亮蓝贮存液：将1 g考马斯亮蓝R250溶于100 mL乙醇中，贮存在深色瓶中，4℃保存。

2）固定和染色液：由2.5%（*V*/*V*）上述配置的考马斯亮蓝R250贮存液、6.25%（*m*/*V*）TCA和去离子水组成，最终容积为400 mL。该固定和染色液足够2块16 cm×18 cm×1.5 mm的凝胶使用。该溶液只能使用一次。在摇床上进行固定和染色过夜。

（2）一步固定和染色法（方法二）

1）考马斯亮蓝贮存液：根据实验需要配制一定体积溶液，由0.25%（*m*/*V*）上述配置的考马斯亮蓝G250、0.75%（*m*/*V*）考马斯亮蓝R250和去离子水组成。

2）固定和染色液：根据实验需要配制一定体积溶液，由8.3%（*m*/*V*）TCA、5.8%（*V*/*V*）冰醋酸、12.5%（*V*/*V*）乙醇、2%（*V*/*V*）上述配置的考马斯亮蓝贮存液和去离子水组成。1 d后可染色完全，最早染色完全仅需要4 h。该溶液可循环使用6次。

（3）两步染色和固定法

1）考马斯亮蓝贮存液：根据实验需要配制一定体积溶液，由 0.25%（*m*/*V*）上述配置的考马斯亮蓝 G250、0.25%（*m*/*V*）考马斯亮蓝 R250 和无水乙醇组成。将配制好的溶液于 4℃条件下贮存在深色瓶中。

2）固定液：10% TCA。室温条件下贮藏在通风橱中。

3）染色液：由 20%（*V*/*V*）考马斯亮蓝贮存液、8%（*V*/*V*）冰醋酸和去离子水组成。贮存在深色瓶中，于通风橱中保存。

4）固定和染色：先将凝胶在 10% TCA 中固定 1 h。凝胶也可在该溶液中保存数天。固定结束后，将凝胶在染色液中染色大约 3 h 或过夜。固定液和染色液可重复使用 6 次。

7. 脱色

用自来水进行洗脱，冲洗凝胶 1 或 2 次（每次 30 min）。但如果要缓慢洗脱，则使用 10% TCA 溶液。

8. 凝胶的保存

凝胶可保存在 10% TCA 溶液或 3%甘油溶液中。脱色后，将凝胶置于两层玻璃纸之间进行干燥，干燥后可用于拍照或扫描。

将凝胶置于聚乙烯袋中，可在 4℃下保存数月。干燥后的凝胶可以保存数年。

9. 电泳图谱鉴定

1）真实性鉴定：按电泳胶板蛋白质显色的蓝色谱带绘出电泳图谱，并计算出 Rf 值，计算方法见实验四十二，与其品种的标准图谱比较，以鉴别品种的真伪。

2）品种纯度测定：按品种标准图谱分析出图谱不同的异品种种子粒数，计算出品种纯度百分率。

五、注意事项

由于丙烯酰胺和双丙烯酰胺的粉末非常轻而且静电性很高，非常容易被吸入，在配制时应在通风橱中进行操作。

实验四十五　SSR 分子标记检测种子真实性

一、基本原理

简单序列重复（simple sequence repeat，SSR）分子标记是由 Moore 等于 1991 年创建的一种基于特异引物 PCR 技术的分子标记技术。SSR 的基本重复单元一般为 2～6 bp，重复次数则为 10～50，其长度大多在 100～300 bp。尽管 SSR 分布于基因组的不同位置，但其两端多是保守的单拷贝序列。因此，可以根据两端的序列设计一对特异引物，通过 PCR 技术将其扩增出来，利用电泳分析技术获得其长度多态性。SSR 分子标记具有多态性丰富、操作简单、重复性好、属于共显性标记、在基因组中分散分布等优点，是目前极受欢迎的指纹图谱技术，在种子真实性及纯度鉴定中具有良好的应用前景。

二、目的要求

了解利用 SSR 分子标记检测种子真实性的原理，掌握具体检测方法。

三、材料和设备

1. 材料

不同品种的大豆种子，SSR 引物见表 45-1，也可自行设计。

表 45-1　11 对 SSR 引物编号及序列

编号	上游引物序列（5′→3′）	下游引物序列（5′→3′）
Satt130	TAAACGAAATTTAGTTTTAAGACT	TGAATGGCTAAAAACGTGATT
Satt217	AATGATTTTGCGTATGTAAGATGA	GCGGATGACATTAATAGTTTTTAGA
Satt684	GGGCTTCATTTTAGATGGAGTC	TGGAGCTCATATTCGTCACAAAG
Satt267	CCGGTCTGACCTATTCTCAT	CACGGCGTATTTTTATTTTG
Satt249	GCGGCAAATTGTTATTGTGAGAC	GGCCAGTGTTGAGGGATTTAGA
Satt318	GCGCACGTTGATTTTTTTATAGTAA	GCGATATTTATATGGCCGCTAAG
Satt636	GTCATGACTCATGAGTCACGTAAT	CCCAAGACCCCCATTTTTATGTCT
Satt549	GCGGCAAAACTTTGGAGTATTGCAA	GCGCGCAACAATCACTAGTACG
Satt581	CCAAAGCTGAGCAGCTGATAACT	CCCTCACTCCTAGATTATTTGTTGT
Satt644	TATGCCTCAAACCACAAA	CAGGCCACCATTTTTCTT
Satt487	ATCACGGACCAGTTCATTTGA	TGAACCGCGTATTCTTTTAATCT

注：11 条 SSR 引物选自 Cregan 等（1999）发表的 SSR 引物序列

2. 器具

磁力搅拌器、高压蒸汽灭菌锅、研钵、离心管、核酸蛋白仪、PCR 扩增仪、离心机、电泳仪、水平电泳槽、凝胶图像处理系统等。

3. 试剂

NaOH、EDTA-Na_2、双蒸水、NaCl、Tris 碱、浓 HCl、十六烷基三甲基溴化铵（CTAB）、NaAc、冰醋酸、苯酚/氯仿/异戊醇混合液、EDTA、甘油、二甲苯蓝、溴酚蓝、0.5%次氯酸钠溶液、无水乙醇、75%乙醇、琼脂糖、EB 等。

四、方法与步骤

1. 溶液配制

1）10 mol/L NaOH 溶液：称取 40.00 g NaOH 溶于 80 mL 的双蒸水，搅拌，定容到 100 mL。

2）0.5 mol/L EDTA（pH 8.0）：称取 18.61 g EDTA-Na_2，加 80 mL 双蒸水，在磁力搅拌器上剧烈搅拌溶解。加入约 7 mL 10 mol/L NaOH 调至 pH 8.0，再用双蒸水定容到 100 mL，在 1.03×10^5 Pa 下高压灭菌 20 min。

3）5 mol/L NaCl 溶液：称取 29.22 g NaCl，溶解于 90 mL 双蒸水中，加热到 80℃溶解，冷却，再用双蒸水定容至 100 mL，高压灭菌 20 min。

4）1 mol/L Tris-HCl 溶液（pH 8.0）：称取 12.114 g Tris 碱，溶于 80 mL 的双蒸水，加入 4.2 mL 浓 HCl，调节 pH 到 8.0，再加双蒸水定容到 100 mL，高压灭菌 20 min。

5）10%（*m*/*V*）CTAB：称取 10.00 g CTAB，溶解于 80 mL 的双蒸水，加热溶解后定容到 100 mL，室温保存。

6）3 mo1/L NaAc·3H_2O 溶液（pH 5.2）：称取 20.412 g NaAc 晶体，溶解于约 30 mL 的双蒸水，用冰醋酸调 pH 至 5.2 后将溶液定容到 50 mL，高压灭菌 20 min，4℃保存。

7）苯酚/氯仿/异戊醇混合液：将苯酚/氯仿/异戊醇按照体积比 25∶24∶1 混合，4℃保存。

8）CTAB 提取缓冲液：取 20 mL 10% CTAB，加 10 mL 1 mol/L Tris-HCl（pH 8.0），加 4 mL 0.5 mol/L EDTA（pH 8.0），加 28 mL 5 mol/L NaCl 并定容到 100 mL，高压灭菌 20 min。

9）TE 缓冲液：取 1 mL 1 mol/L Tris-HCl 溶液（pH 8.0）、0.2 mL 0.5 mol/L EDTA（pH 8.0），用双蒸水定容到 100 mL，高压灭菌 20 min。4℃保存。

10）电泳缓冲液 TAE（50×）：242 g Tris 碱、57.1 mL 冰醋酸、200 mL 0.5 mol/L EDTA（pH 8.0），用双蒸水溶解定容到 1 L。

11）上样缓冲液（6×）：将 1.116 g EDTA-Na_2、36 mL 甘油、0.05 g 二甲苯蓝、0.05 g 溴酚蓝溶于 100 mL 双蒸水中。

2. 大豆种子 DNA 提取

1）将大豆种子用 0.5%次氯酸钠溶液消毒 5 min，然后用自来水冲洗干净，用滤纸吸干。消毒好的种子，在光照发芽箱中，每天光照 12 h，25℃恒温沙培发芽 14 d。

2）称取 1.5 g 大豆幼苗的嫩叶片于预冷研钵中，置于液氮中，迅速研磨 3 或 4 次成粉末状。将粉末状材料转入 1.5 mL 的灭菌离心管中，立即加入 800 μL 65℃

预热的 CTAB 提取缓冲液，剧烈振荡，置于 65℃水浴中加热 40 min。期间摇动离心管 3 或 4 次。

3）室温下将溶液以 10 000 r/min 离心 15 min。取上清液转入另一 1.5 mL 离心管，加入等体积的苯酚/氯仿/异戊醇混合液（25∶24∶1），轻轻颠倒离心管，充分混匀。重复此步骤一次。

4）取上清液，转入新的 1.5 mL 离心管，加入 2 倍体积预冷的无水乙醇及 1/10 体积的 3 mol/L $NaAc·3H_2O$ 溶液，轻轻上下颠倒混匀。于－20℃静置 30 min，使 DNA 充分沉淀。

5）4℃下 5000 r/min 离心 1～2 min，倾去上清液，收集沉淀，加入 300 μL 75% 乙醇漂洗沉淀 2 次。再于 4℃下 5000 r/min 离心 1 min，去上清液，加入 200 μL 无水乙醇，上下颠倒离心管，充分洗涤 DNA 沉淀。去掉上清液，室温风干。

6）加入 100 μL TE 缓冲液，将干燥的 DNA 沉淀室温溶解 0.5～3 h。

7）所提取的 DNA 用核酸蛋白仪检测 DNA 样品质量和浓度。取部分溶液稀释至 20 ng/μL，于－20℃保存待用。

3. PCR 反应体系和扩增程序

1）PCR 反应体系：5 μL 1×PCR Reaction Buffer，2 μL 20 mmol/L $MgCl_2$，2 μL 2 mmol/L dNTPs，0.2 μL *Taq* 聚合酶（0.5 U），2 μL 2 μmol/L 上、下游引物，50 ng DNA，加 ddH_2O 补足 20 μL。

2）扩增程序：94℃预变性 5 min；94℃变性 30 s，55℃退火 30 s，72℃延伸 1 min，进行 35 个循环；最后 72℃延伸 10 min，4℃保存。

4. 琼脂糖电泳

1）清洗制胶模具和样品梳、封板，插好样品梳。

2）采用 1.5%琼脂糖凝胶进行 PCR 产物的扩增：称取 0.75 g 琼脂糖，加入锥形瓶中，再加入 50 mL 1×TAE，加热至完全熔化，加热过程中不时地摇匀，勿沸出。

3）冷却至 60℃，加 0.5～0.6 μL EB，混匀后，倒胶，凝胶凝固 20～30 min。

4）小心拔出样品梳，放入电泳槽中，加入电泳缓冲液（1×TAE）浸没胶面。取 10 μL 样品与 2 μL 上样缓冲液混匀，慢慢点入点样孔中。

5）恒压 130 V 下电泳 1～1.5 h（前沿指示剂移至凝胶底部 3/4 左右结束电泳）。

6）将胶板取出，在凝胶图像处理系统上的紫外灯（紫外线波长 302 nm）下观察、拍照，用凝胶图像分析软件分析谱带。

5. 结果分析

根据不同品种的谱带进行品种区别。结合父母本及杂交种子的谱带，进行种子真实性分析。

五、注意事项

1. 提取出的DNA样品质量和浓度要符合要求，否则会导致后续试验失败。
2. 电泳过程中，需注意当前沿指示剂移至凝胶底部3/4左右时结束电泳。

实验四十六 ISSR分子标记检测种子真实性

一、基本原理

简单重复序列区间（inter simple sequence repeat，ISSR）分子标记是在SSR分子标记的基础上创建的利用重复序列加选择性碱基为引物对DNA进行扩增的分子标记技术。该技术检测的是两个SSR之间的一段短DNA序列上的多态性。其基本原理是利用真核生物基因组中广泛存在的SSR序列，设计出各种能与SSR序列结合的PCR引物（16～18 bp），对两个相距较近、方向相反的SSR序列之间的DNA区段进行扩增。ISSR引物设计简单，不需要知道DNA序列即可用引物进行扩增，多态性强、稳定性高、操作简单，与SSR一样也是目前应用较为广泛的分子标记技术之一。

二、目的要求

了解利用ISSR分子标记检测种子真实性的原理，掌握具体检测方法。

三、材料和设备

1. 材料

不同品种的大豆种子。

2. 器具

磁力搅拌器、高压蒸汽灭菌锅、研钵、离心管、核酸蛋白仪、PCR扩增仪、离心机、电泳仪、水平电泳槽、凝胶图像处理系统等。

3. 试剂

NaOH、EDTA-Na_2、双蒸水、NaCl、Tris碱、浓HCl、CTAB、NaAc、冰醋酸、苯酚/氯仿/异戊醇混合液、EDTA、甘油、二甲苯蓝、溴酚蓝、0.5%次氯酸钠溶液、无水乙醇、75%乙醇、琼脂糖、EB等。

四、方法与步骤

1. 溶液配制

同实验四十五。

2. 大豆种子 DNA 提取

具体方法同实验四十五。

3. PCR 反应体系和扩增程序

1）PCR 反应体系：5 μL 1×PCR Reaction Buffer、1.5 μL 20 mmol/L $MgCl_2$、2 μL 3 mmol/L dNTPs、0.4 μL *Taq* 聚合酶（1.0 U）、2 μL 6 μmol/L 引物、50 ng DNA，加 ddH_2O 补足 20 μL。

2）扩增程序：94℃预变性 5 min；94℃变性 30 s，*X*℃退火 30 s，72℃延伸 1 min，进行 35 个循环；最后 72℃延伸 10 min，4℃保存（*X* 为不同 ISSR 引物的最适退火温度，见表 46-2）。

表 46-1　12 条 ISSR 引物编号及序列

编号	引物序列（5′→3′）	编号	引物序列（5′→3′）
UBC816	CACACACACACACACAT	UBC842	GAGAGAGAGAGAGAGAYG
UBC826	ACACACACACACACACC	UBC848	CACACACACACACACARG
UBC827	ACACACACACACACACG	UBC856	ACACACACACACACACYA
UBC829	TGTGTGTGTGTGTGTGC	UBC859	TGTGTGTGTGTGTGTGRC
UBC835	AGAGAGAGAGAGAGAGYC	UBC874	CCCTCCCTCCCTCCCT
UBC841	GAGAGAGAGAGAGAGAYC	UBC881	GGGTGGGGTGGGGTG

注：12 条 ISSR 引物选自加拿大哥伦比亚大学（UBC）公布的第 9 套 ISSR 引物序列表。R＝A/G，Y＝C/T

表 46-2　12 条 ISSR 引物的 T_m 值及最适退火温度

编号	T_m 值/℃	最适退火温度/℃	编号	T_m 值/℃	最适退火温度/℃
UBC816	52.18	52.7	UBC842	56.16	50.1
UBC826	54.59	52.7	UBC848	56.16	48.8
UBC827	54.59	50.1	UBC856	53.88	50.1
UBC829	54.59	52.7	UBC859	56.16	48.8
UBC835	56.16	55.6	UBC874	61.80	52.7
UBC841	56.16	52.7	UBC881	61.77	52.7

4. 琼脂糖电泳

同实验四十五。

5. 结果分析

根据不同品种的谱带进行品种区别。结合父母本及杂交种子的谱带，进行种子真实性分析。

五、注意事项

1. 提取出的DNA样品质量和浓度要符合要求，否则会导致后续试验失败。
2. 电泳过程中，需注意当前沿指示剂移至凝胶底部3/4左右时结束电泳。

实验四十七　定性PCR检测转基因种子

一、基本原理

定性PCR检测转基因种子的原理主要是利用PCR技术，针对转基因植物所插入的外源基因序列设计引物，其中包括通用元件、目的基因、外源载体序列及外源插入载体与植物基因组的连接区序列四类片段，之后进行特异性扩增，确定是否为转基因种子。四类片段基因检测都能作为转基因种子检测标准，但功能并不完全一致。

通用元件只能用于转基因种子检测的初步筛选，主要包括*CaMV 35S*启动子、*NOS*终止子等通用元件，以及*NPT II*、*Hpt*、*GUS*等标记基因。进一步确定何种转基因需利用目的基因和外源载体序列特异性检测，如常用的*Cry1Ac*、*Cry1Ab*和*CP4-EPSPS*等基因。但是，如果需要确定何种品系，则可利用外源插入载体与植物基因组的连接区序列进行特异性检测，即事件特异性检测。这是因为外源插入载体与植物基因组的连接区序列是单拷贝的，具有特异性（图47-1）。

常规转基因种子检测，一般首先采用通用元件进行初筛检测，确定为转基因种子后，再对目的基因进行特异性检测，确定何种转基因种子即可。

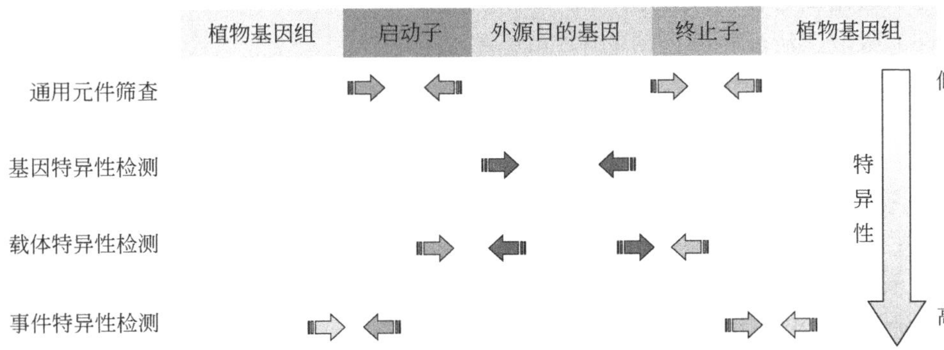

图47-1　转基因种子PCR检测策略示意图和特异性情况

二、目的要求

掌握定性 PCR 检测转基因种子的实验原理和技术。

三、材料和设备

1. 材料

种子（对照及待测样品）。

2. 器具

研钵、高速离心机、PCR 扩增仪、电泳仪、摇床、冰箱、烘箱、玻璃板、电泳槽、离心管等。

3. 试剂

CTAB 缓冲液、氯仿/异戊醇（24∶1）混合液、异丙醇、75%乙醇、ddH_2O、8%聚丙烯酰胺凝胶、TEMED、10%过硫酸铵、Loading Buffer、0.2% $AgNO_3$ 溶液、0.02% Na_2SO_3 溶液、1% NaOH 溶液、甲醛等。

四、方法与步骤

1. DNA 提取

采用 CTAB 法进行 DNA 提取，具体步骤如下。

1）取一定量的作物种子，利用研钵磨成粉末，放入 2 mL 离心管中。

2）加入 600 μL 65℃预热的 CTAB 缓冲液（2% CTAB，100 mmol/L Tris-HCl，20 mmol/L EDTA，1.4 mol/L NaCl，pH 8.0），均匀混匀，并每隔 5 min 振荡一次。

3）取出离心管，加入 350 μL 的氯仿/异戊醇（24∶1）混合液，颠倒混匀。

4）再次置于 65℃烘箱 10 min。

5）取出离心管，12 000 r/min 离心 8 min。

6）吸取上清液转移至新的 1.5 mL 离心管。

7）加入等体积－20℃下预冷的异丙醇，轻轻颠倒混匀后置－20℃沉淀 1 h 以上。

8）12 000 r/min 离心 5 min，弃上清，75%乙醇洗涤 5 min。

9）倒置自然风干后溶于 ddH_2O 中，并于－20℃冰箱中保存。

2. PCR 扩增反应程序

1）PCR 扩增反应体系：1 μL DNA 模板，1 μL 10×缓冲液（含 25 mmol/L $MgCl_2$），1 μL 4 pmol/μL 上、下游引物，0.2 μL 2 mmol/L dNTPs，0.1 μL *Taq* DNA 聚合酶，加水补足 10 μL。

2）扩增程序：95℃变性 5 min；95℃变性 40 s，55～60℃（视引物而定）退火 40 s，72℃下延伸 40 s，进行 35 个循环；最后，72℃下延伸 10 min。

3. 电泳

1）制胶：首先，配制 40 mL 8%聚丙烯酰胺凝胶［28 mL 双蒸水、4 mL 10×TBE 缓冲液、8 mL 40%丙烯酰胺/亚甲双丙烯酰胺（19∶1）母液］；再加入 40 μL TEMED 和 400 μL 10%过硫酸铵（AP），轻轻混匀，将其倒入垂直玻璃板夹层中，插上梳子，在室温下放置直至聚合凝固。

40%丙烯酰胺/亚甲双丙烯酰胺（19∶1）母液配方：380 g 丙烯酰胺，20 g 亚甲双丙烯酰胺，用双蒸水溶解；最后，定容至 1 L，4℃保存备用。

10×TBE 缓冲液配方：108 g Tris 碱、55 g 硼酸、40 mL 0.5 mol/L EDTA（pH 8.0），用双蒸水定容至 1 L。

2）电泳：将凝胶玻璃板固定在加宽双垂直电泳槽上，加入 0.5×TBE 缓冲液，慢慢拔去梳子。10 μL PCR 产物中加入 1 μL Loading Buffer，上样量为 2.5 μL，200 V 电压，电泳 1～2 h。

Loading Buffer 配方：0.25 g 溴酚蓝、0.2 g 二甲苯氰（FF）、40 g 蔗糖，用双蒸水定容至 100 mL，室温保存备用。

4. 银染

凝胶染色采用改进的简易银染法，下面以一个电泳槽（2 块胶）为例。

1）清洗：取下凝胶玻璃板，打开玻璃夹层，将凝胶轻轻剥离，放入 200 mL 双蒸水中，在脱色摇床上缓慢摇动 5 min。

2）染色：倒去双蒸水，加入 200 mL 0.2% $AgNO_3$ 溶液，在脱色摇床上缓慢摇动 12～15 min。

3）漂洗：倒去 $AgNO_3$ 溶液，先用 200 mL 蒸馏水清洗 30 s，再用 0.02% Na_2SO_3 溶液漂洗 30 s。

4）显色：倒去蒸馏水，加入 200 mL 1% NaOH 溶液，并加入 2 mL 甲醛，在脱色摇床上缓慢摇动，直到凝胶背景变为淡棕黄色，出现清晰 DNA 条带。

5）冲洗：倒去显色液，用清水冲洗凝胶两次。

6）读胶：拍摄胶片，读取带型。

5. 结果分析

1）内源基因检测：以内源基因设计引物，如玉米 *IVA* 基因，对 DNA 提取液进行 PCR 测定，待测样品若扩增出 226 bp 大小的 PCR 产物则说明 DNA 提取正常，未有扩增条带则说明有问题，需重新提取 DNA。

2）外源基因检测：若阴性 DNA 对照未扩增出 PCR 产物，阳性 DNA 对照和待测样本扩增出预期大小的 PCR 产物，可初步断定待测样本中含外源基因，应进一步验证；若待测品种未出现 PCR 产物，则可断定该待测样品不含有该外源基因。

3）筛查和鉴定选择：先筛选 *CaMV 35S*、*NOS*、*OCS*、*Bar*、*NPT II*、*GUS*、

Pat 等基因，若筛选结果为阴性直接报告结果，若为阳性则进一步鉴定检测外源基因，如 *Bar*、*Bt*、*CP4-EPSPS* 等，确定是何种转基因。

五、注意事项

1. 提取 DNA 过程中，氯仿（三氯甲烷）有毒，需要在通风橱中操作。
2. 试验中，阴性和阳性对照不可省略。

实验四十八　荧光定量 PCR 检测转基因种子

一、基本原理

荧光定量 PCR 技术，就是在 PCR 反应体系中加入荧光基团，如 SYBR Green Ⅰ荧光染料法、TaqMan 探针法等，随着 PCR 产物增加，信号值不断增强，利用荧光信号累积实时监控整个 PCR 的进程（图 48-1）。当反应管内的荧光信号强度达到设定的域值（threshold）时，所经历的循环数即为其Ct值。每个模板的 Ct 值与其拷贝数的对数呈线性关系，起始模板拷贝数越多，Ct值越小。根据扩增的 Ct 值和已知标准品起始拷贝数的对数值可绘制标准曲线，最后通过扩增曲线对检测

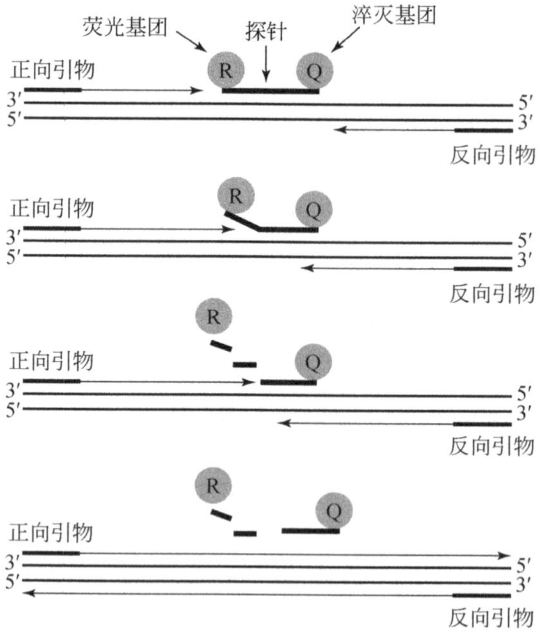

图 48-1　TaqMan 探针实时荧光定量 PCR 工作原理

模板进行定性分析。荧光定量 PCR 检测转基因种子就是通过设置内源基因和外源基因阴阳性对照对待测样品全基因组 DNA 进行 Ct 值比较，进而确定待测样品是否为转基因，是何种转基因材料。

二、目的要求

掌握荧光定量 PCR 检测转基因种子的原理和技术。

三、材料和设备

1. 材料

种子（对照及待测样品）。

2. 器具

研钵、微量移液器、高速离心机、台式小型离心机、RT-PCR 扩增仪、冰箱、离心管等。

3. 试剂

CTAB 缓冲液、氯仿/异戊醇混合液、异丙醇、75%乙醇、ddH_2O 等。

四、方法与步骤

1. DNA 提取

同实验四十七。

2. RT-PCR 扩增

1）PCR 反应体系配制：5 μL 10×PCR 反应缓冲液，5 μL 2.5 mmol/L $MgCl_2$，4.5 μL 10 mmol/L dNTPs，0.5 μL 1 U/μL UNG 酶，10 μmol/L 上、下游引物各 1 μL，1 μL 5 μmol/L 探针、0.1 μL 5 U/μL *Taq* DNA 聚合酶，5 μL DNA 模板（40～50 ng/μL），最后加 ddH_2O 补足 50 μL。

2）荧光 PCR 参数设置：预变性 95℃ 10 min；95℃ 15 s，60℃ 1 min，45 个循环。

3）仪器检测通道的选择：PCR 反应管荧光信号收集的设置，与探针所标记的报告基因一致。报告基因为 *FAM* 时，荧光信号收集设在 *FAM* 通道；报告基因为 *TET* 时，设为 *TET* 通道，以此类推。

4）荧光 PCR 反应运行：按照预先设定的样品摆放顺序，将 PCR 反应管依次摆放，检查反应管盖是否盖紧，开始运行仪器进行实时荧光 PCR 反应。

3. 结果分析

1）基线设置：实时荧光 PCR 反应结束并分析结果后，设置无效基线范围。无论采用何种荧光通道，基线范围选择在 3～15 个循环，如果有强阳性样本，应根据实际情况调整基线范围。阈值设置原则以基线刚好超过正常阴性目标 DNA 对照扩增曲线的最高点，且 Ct 值等于 40 为准。

2）Ct 值与 DNA 浓度关系：Ct 值大于或等于 40 时，PCR 过程中无目标 DNA 的扩增；Ct 值在 36～40 时，且平行样的每个值之间的差异很大，表明 PCR 反应体系中的目标 DNA 量很少，应适当增加模板量。

3）PCR 检测质量控制：空白对照，外源基因检测 Ct 值大于或等于 40，内源基因检测 Ct 值大于或等于 40；阴性对照，内源基因检测 Ct 值小于或等于 34，外源基因检测 Ct 值大于或等于 40；阳性对照，内源基因检测 Ct 值小于或等于 34，外源基因检测 Ct 值小于或等于 36。

4）筛选检测和鉴定检测的选择：先筛选 *CaMV 35S*、*NOS*、*OCS*、*Bar*、*NPT II*、*GUS*、*Pat* 等基因，若筛选结果为阴性直接报告结果，若为阳性则进一步鉴定检测外源基因，如 *Bar*、*Bt*、*CP4-EPSPS* 等，确定是何种转基因。

4. 结果判断

1）待测样品外源基因检测 Ct 值大于或等于 40，内源基因检测 Ct 值小于或等于 24，设置对照结果正常，则判断未检测出该基因。

2）待测样品外源基因检测 Ct 值小于或等于 36，内源基因检测 Ct 值小于或等于 24，设置对照结果正常，则判断该样品中检测出该基因。

3）待测样品外源基因检测 Ct 值在 36～40，应该重做实时荧光 PCR 扩增。再次扩增后若 Ct 值仍小于 40，且设置对照结果正常，则可判断该样品检测出该基因；再次扩增后若 Ct 值仍大于 40，且设置对照结果正常，则可判断该样品未检测出该基因。

五、注意事项

1. 双链 DNA 的变性温度是由双链中 C+G 的含量决定的，C+G 含量越高，模板 DNA 的溶解温度就越高，当模板 DNA 的 G+C 含量超过 55%时则可提高变性温度。

2. 复性温度至关重要，温度太高，复性扩增效率将会降低；若复性温度太低，将产生非特异性复性，导致非特异性扩增。因此，复性温度通常比理论计算的引物和模板的熔解温度低 3～5℃。

实验四十九　试纸法检测转基因种子

一、基本原理

试纸法检测转基因种子是采用双抗体夹心免疫层析的原理进行的。首先，样本中的抗原在侧向移动的过程中与胶体金标记的特异性单克隆抗体 1 结合，形成抗原-抗体复合物；其次，复合物继续向前方流动和硝酸纤维素膜测试线上特异性单克隆抗体 2 结合，形成双抗体夹心复合物。如果样本中抗原含量大于 1%，测试线显红色，结果为阳性；反之，测试线不显色，结果为阴性（图 49-1）。该检测方法虽只能检测未变性的蛋白质，且受外源蛋白不同的组织部位表达情况影响，具有一定的局限性，但是也成功应用到了转基因作物种子的重组蛋白检测中，如抗虫的转基因玉米、转基因棉花等。

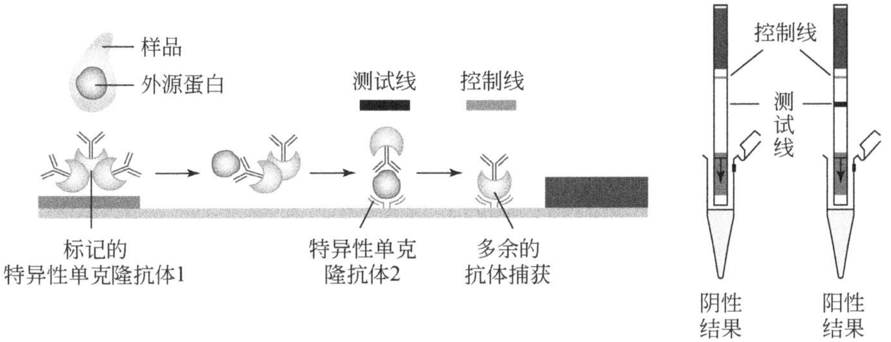

图 49-1　试纸法蛋白检测工作示意图

二、目的要求

掌握试纸法检测转基因种子的原理和技术。

三、材料和设备

1. 材料

种子（对照及待测样品）、购买的转基因 *Bt Cry1Ab*/*1Ac* 免疫金标速测卡及其提供的提取缓冲液。

2. 器具

研钵、离心机、离心管、塑料吸管（40 个/盒）。

3. 试剂

磷酸缓冲液：配置 1 L 溶液，需要 0.24 g 磷酸二氢钾（KH_2PO_4）、1.44 g 磷酸氢二钠（Na_2HPO_4）、8 g 氯化钠（NaCl）、0.2 g 氯化钾（KCl），加去离子水约 800 mL 充分搅拌溶解，然后加入浓盐酸调 pH 至 7.4，最后定容到 1 L。

四、方法与步骤

1）取一粒植物种子，充分压碎，转移到做好标记的 2 mL 离心管中。

2）加 0.5 mL（约 20 滴）提取缓冲液溶解。

3）盖好离心管管盖，用力上下振荡离心管 20～30 s，确保样品与缓冲液充分混匀。

4）静置直到固体物质沉淀于管底（或低速离心）。

5）吸取上清，提取种子蛋白。

6）将试纸条按指定方向浸入蛋白样品溶液中，观察条带颜色（8～10 min），并记录。

7）结果判断。①阴性（－）：T 线（测试线，靠近加样孔一端）不显色。②阳性（＋）：T 线显色，肉眼可见。③无效：未出现 C 线（控制线），可能操作不当或试剂板已失效，需重新测试。

五、注意事项

1. 请勿触摸试剂板中央的白色膜面。

2. 样本中的固体杂质颗粒会导致假阳性结果，取样时弃去肉眼可见的颗粒部分，有条件时请离心后取上清液做检测。

实验五十　种子健康度检测

一、基本原理

种子健康度检测是指测定种子是否携带有病原菌（如真菌、细菌及病毒）、有害的动物（如线虫及害虫）等，即对种子所携带病虫害种类及数量进行检测。种子健康度检测包括田间检验和室内检验：田间检验是根据病虫害发生规律，在作物一定田间生长时期进行病虫害检查的方法，主要依靠肉眼检验；室内检验是在种子贮藏、调种和引种过程中进行病虫害检验的主要手段。

本实验主要是指室内检验方法。室内检验分为：未经培养的种子健康度检测方法和培养后的种子健康度检测方法。

二、目的要求

掌握未经培养和培养后的种子健康度检测方法。

三、材料和设备

1. 材料

水稻、玉米、小麦、大豆等种子。

2. 器具

双目显微镜、培养皿、载玻片、盖玻片、玻璃棒、振荡器、吸水纸、刀片、锥形瓶、离心管、吸管、铜丝网、纱布、12～50 倍放大镜、砂石等。

3. 试剂

ddH_2O、润滑剂、1%高锰酸钾溶液、1% KI 溶液、2%碘溶液、0.5% NaOH 溶液、NaCl 饱和溶液、1%次氯酸钠溶液、含 0.01%硫酸链霉素的麦芽糖或马铃薯葡萄糖琼脂培养基等。

四、方法与步骤

（一）未经培养的种子健康度检测

1. 直接检查

适用于病原体较大或种子外部有明显症状的病害，如麦角、线虫瘿、虫瘿、黑穗病孢子和螨类等。必要时，可采用双目显微镜对试样进行检查，取出病原体或病粒，称其重量或计算其粒数。

2. 吸胀种子检查

为使子实体、病症或害虫更容易观察到或促进孢子释放，把试验样品浸入水中或其他液体中，种子吸胀后检查其表面或内部，最好用双目显微镜检查。

3. 洗涤检查

用于检查附着在种子表面的病菌孢子或颖壳上的病原线虫。分取样品两份，每份 5 g，分别倒入 100 mL 锥形瓶内，加入无菌水 10 mL；为使病原体洗涤更彻底，可加入 0.1%润滑剂（如磺化二羧酸酯），置振荡器上振荡，光滑种子振荡 5 min，粗糙种子振荡 10 min。

将洗涤液移入离心管内，1000～1500 *g* 离心 3～5 min。用吸管吸去上清液，留 1 mL 的沉淀部分，稍加振荡。用干净的玻璃棒将悬浮液分别滴于 5 片载玻片上。盖上盖玻片，用 400～500 倍的显微镜检查，每片检查 10 个视野，并计算每视野平均孢子数，据此可计算病菌孢子负荷量。

计算公式：

$$N=(n_1\times n_2\times n_3)\div n_4$$

式中：N——每克种子的孢子负荷量；

n_1——每视野平均孢子数；

n_2——盖玻片面积上的视野数；

n_3——1 mL 水的滴数；

n_4——供试样品的重量。

4. 剖粒检查

取试样 5～10 g（水稻和小麦等中粒种子 5 g，玉米和大豆等大粒种子 10 g），用刀片剖开或切开种子的被害或可疑部分，检查害虫。

5. 染色检查

高锰酸钾染色法：适用于检查隐蔽的米象、谷象。取水稻和小麦试样 15 g，除去杂质，倒入铜丝网中，于 30℃水中浸泡 1 min 再移入 1%高锰酸钾溶液中染色 1 min。然后用清水洗涤，倒在白色吸水纸上用放大镜检查，挑出粒面上带有直径 0.5 mm 的斑点即害虫籽粒，计算害虫含量。

碘或碘化钾染色法：适用于检查豆象。取大豆试样 50 个，除去杂质，放入铜丝网中或用纱布包好，浸入 1% KI 溶液或 2%碘溶液中 1～1.5 min。取出放入 0.5% NaOH 溶液中，浸 30 s，取出用清水洗涤 15～20 s，立即检验，如豆粒表面有 1～2 mm 直径的圆斑点，即感染豆象，计算害虫含量。

6. 比重检查

取试样 100 g，除去杂质，倒入 NaCl 饱和溶液中（35.9 g NaCl 溶于 1000 mL 蒸馏水中），搅拌 10～15 min，静止 1～2 min，将悬浮于上层的种子取出，结合剖粒检验，计算害虫含量。

7. X 射线检查

用于检查种子内隐匿的虫害（如蚕豆象、玉米象、麦蛾等），通过照片或直接从荧光屏上观察。

（二）培养后的种子健康度检测

1. 吸水纸法

该方法适用于许多类型种传真菌病害的检验，尤其是对于许多半知菌，有利于分生孢子的形成和致病真菌在幼苗上症状的发展。以水稻稻瘟病检测为例：取水稻种子试样 400 粒，将培养皿内的吸水纸用水湿润，每个培养皿播 25 粒种子，在 22℃条件下用 12 h 黑暗和 12 h 近紫外光照的交替周期培养 7 d。在 12～50 倍放大镜下检查每粒种子上的稻瘟病分生孢子，一般这种真菌会在颖片上产生小而不明显、灰色至绿色的分生孢子，这种分生孢子成束地着生在短而纤细的分生孢子梗的顶端，菌丝很少覆盖整粒种子。如有怀疑，可在 200 倍显微镜下检查分生孢子来核实。典型的分生孢子为倒梨形，透明，基部钝圆具有短齿，分两隔，通常具有尖锐的顶端。

2. 砂床法

该方法适宜于某些病原体的检验。将砂石通过 1 mm 孔径的筛子去掉砂中杂质，并将砂粒清洗，高温烘干消毒后，放入培养皿内加水湿润，种子排列在砂床内，然后密闭保持高温，培养温度与纸床相同，待幼苗顶到培养皿盖时（经 7～

10 d）进行检查。

3. 琼脂皿法

该方法主要用于发育较慢的潜伏在种子内部的病原真菌，也可用于检验种子外表的病原菌。以小麦颖枯病检测为例：先取小麦种子试样 400 粒，经 1%次氯酸钠溶液消毒 10 min 后，用无菌水洗涤。在含 0.01%硫酸链霉素的麦芽糖或马铃薯葡萄糖琼脂培养基上，每个培养皿播 10 粒种子于琼脂表面，在 20℃黑暗条件下培养 7 d。用肉眼检查每粒种子上缓慢长成圆形菌落的情况，该病菌菌丝体为白色或乳白色，通常稠密地覆盖着感染的种子。菌落的背面呈黄色或褐色，并随其生长颜色变深。

五、注意事项

注意试样的表面清洁，注意试样的消毒处理。

参 考 文 献

白桂香. 2005. 水稻种子超干贮藏及耐干性机理研究［D］. 北京：北京林业大学硕士学位论文

陈海军. 2005. 中国种子加工业的现状与发展趋势［J］. 农村实用工程技术，(3)：22-23

谷铁城，马继光. 2001. 种子加工原理与技术［M］. 北京：中国农业大学出版社

韩瑞. 2012. 人工老化水稻种子生理生化变化、DNA 损伤及活力恢复的研究［D］. 杭州：浙江大学硕士学位论文

胡晋. 2006. 种子生物学［M］. 北京：高等教育出版社

胡晋. 2010. 种子贮藏加工学［M］. 2 版. 北京：中国农业大学出版社

胡晋. 2014. 种子学［M］. 2 版. 北京：中国农业出版社

胡晋. 2015. 种子检验学［M］. 北京：科学出版社

胡志超，谢焕雄，王海鸥，等. 2006. 洪泽湖农场 5t/h 种子加工流水线的设计［J］. 种子科技，24（5）：42-45

黄新贤. 2011. ISSR 和 SSR 标记在大豆、油菜、西瓜种子真实性和纯度鉴定中的比较［D］. 杭州：浙江大学硕士学位论文

李翠云. 2010. 农作物种子扦样程序的设计与操作［J］. 中国种业，(1)：39-41

刘子凡. 2011. 种子学实验指南［M］. 北京：化学工业出版社

马志强，马继光. 2009. 种子加工原理与技术［M］. 北京：中国农业出版社

年伟，汪永华，邵源梅. 2005. 种子加工工序及其基本要求［J］. 农机化研究，(4)：65-67

农作物种子检验规程［M］. 中华人民共和国国家标准. GB/T 3543.1-3543.7—1995

孙群，胡晋，孙庆泉. 2008. 种子加工与贮藏［M］. 北京：高等教育出版社

孙群，王建华. 2013. 种子形态自动化识别软件［P］. 软件著作权号：2013SRBJ0528

王方艳. 2010. 蔬菜种子除芒机结构的设计与分析［J］. 农机化研究，32（5）：115-117

王建华，谷丹，赵光武. 2003. 国内外种子加工技术发展的比较研究［J］. 种子，(5)：74-76

颜启传. 2001. 种子检验原理和技术［M］. 杭州：浙江大学出版社

颜启传. 2001. 种子学［M］. 北京：中国农业出版社

颜启传，成灿土. 2001. 种子加工原理和技术［M］. 杭州：浙江大学出版社

颜启传，胡伟民，宋文坚. 2006. 种子活力测定的原理和方法［M］. 北京：中国农业出版社

杨晓威. 2012. 农作物种子的扦样程序及存在的问题［J］. 种子世界，(4)：9

尹燕枰，董学会. 2008. 种子学实验技术［M］. 北京：中国农业出版社

于勇，廖文艳，王俊. 2009. 辐照稻谷种子的种胚微观结构特性及其萌发特性研究［J］. 中国粮油学报，24（3）：1-6

张红生，胡晋. 2015. 种子学［M］. 北京：科学出版社

赵光武，钟泰林，应叶青. 2015. 现代种子种苗实验指南［M］. 北京：中国农业出版社

赵力勤，郑金林，章秀女. 2000. 三久烘干机正确操作及注意事项［J］. 浙江农村机电，(1)：8-9
赵岩，潘晓琳，张艳红. 2013. 种子加工与贮藏技术［M］. 北京：中国农业大学出版社
郑宏，李建萌，赵凤芹. 2014. 水稻除芒机的试验研究［J］. 农机化研究，(8)：157-160
Cregan P B，Jarvik T，Bush A L，et al. 1999. An integrated genetic linkage map of the soybean genome ［J］. Crop Sci，39：1464-1490
Lipp M，Anklam E，Stave J W，et al. 2000. Validation of an immunoassay for detection and quantitation of a genetically modified soybean in food and food fractions using reference materials：interlaboratory study［J］. J AOAC Int，83（4）：919-927